USA

Sterne
und
Planeten

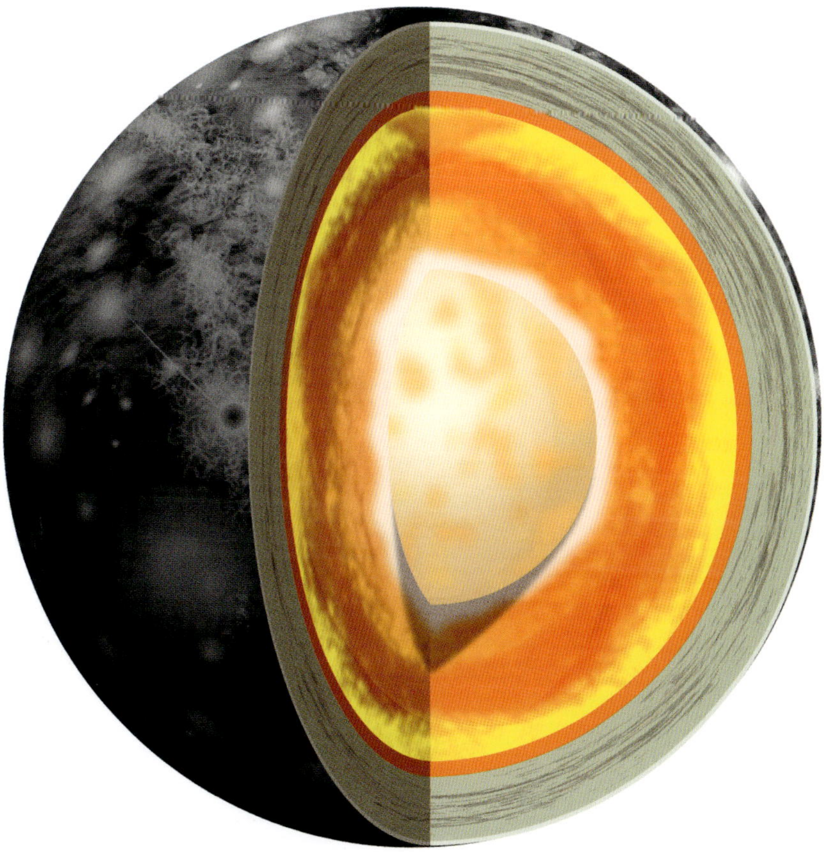

Text: Dr. Parshati Patel

Penguin Random House

Lektorat Manisha Majithia, Kritika Gupta, Katie Lawrence, Joy Evatt, Niharika Prabhakar, Jonathan Melmoth, Monica Saigal, Sarah Larter
Gestaltung und Bildredaktion Ann Cannings, Nidhi Mehra, Jaileen Kaur, Aishwariya Chattoraj, Dheeraj Singh, Syed Mohammad Farhan, Sakshi Saluja, Diane Peyton Jones, Romi Chakraborty, Mabel Chan
Umschlaggestaltung Issy Walsh, Dheeraj Arora
Herstellung Dragana Puvacic, John Casey
Illustrationen Dan Crisp
Fachliche Beratung Prof. David W. Hughes

Für die deutsche Ausgabe:
Projektbetreuung Natalie Capalija
Herstellungskoordination Claudia Rode
Herstellung Verena Marquart

Titel der englischen Originalausgabe:
My Book of Stars and Planets

Übersetzung Birgit Reit

ISBN 978-3-8310-4380-4
5902-322998-22187-05

Druck und Bindung Leo Paper Products, China

MIX
Papier | Fördert gute Waldnutzung
FSC® C018179

www.dk-verlag.de

Inhalt

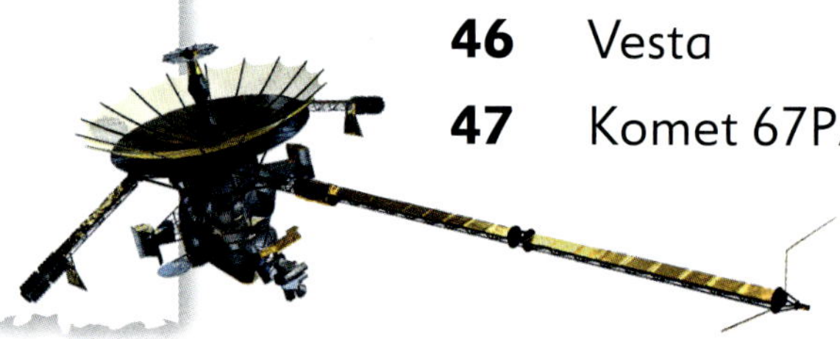

Was ist das Weltall?

Das Weltall oder Universum ist alles, was uns umgibt – nicht nur auf der Erde oder im Sonnensystem, sondern auch überall sonst im unendlichen Raum um uns. Die Weiten zwischen den astronomischen Objekten, wie Planeten, Monden und den vielen Milliarden Sternen, nennen wir Weltraum. Er ist, bis auf weit verstreute Gas- und Staubteilchen, fast völlig leer.

Was ist Schwerkraft?

Die unsichtbare Schwerkraft zieht alles zum Zentrum eines Körpers hin. Je größer die Masse des Körpers, desto größer ist seine Schwerkraft. Die Schwerkraft der Erde hält uns am Boden fest. Die Schwerkraft der Sonne ist so stark, dass sie die Planeten in ihren Bahnen hält.

Warum ist das All schwarz?

Auf der Erde ist es tagsüber hell, weil die Luft der Erdatmosphäre das Sonnenlicht in verschiedene Richtungen streut. Im Weltraum gibt es fast keine Luft, die das Licht streuen könnte. Daher ist es dort schwarz.

Sonnenaufgang auf der Erde

Wo beginnt der Weltraum?

Die Erdatmosphäre besteht aus Gasschichten. Sie wird nach oben hin immer dünner. Wissenschaftler ziehen in 100 km Höhe über der Erdoberfläche eine gedachte Grenze, die Kármán-Linie, an der der Weltraum beginnt. Satelliten und Weltraumstationen umkreisen die Erde oberhalb dieser Linie – und jeder Mensch, der sie überquert, darf sich als Astronaut bezeichnen.

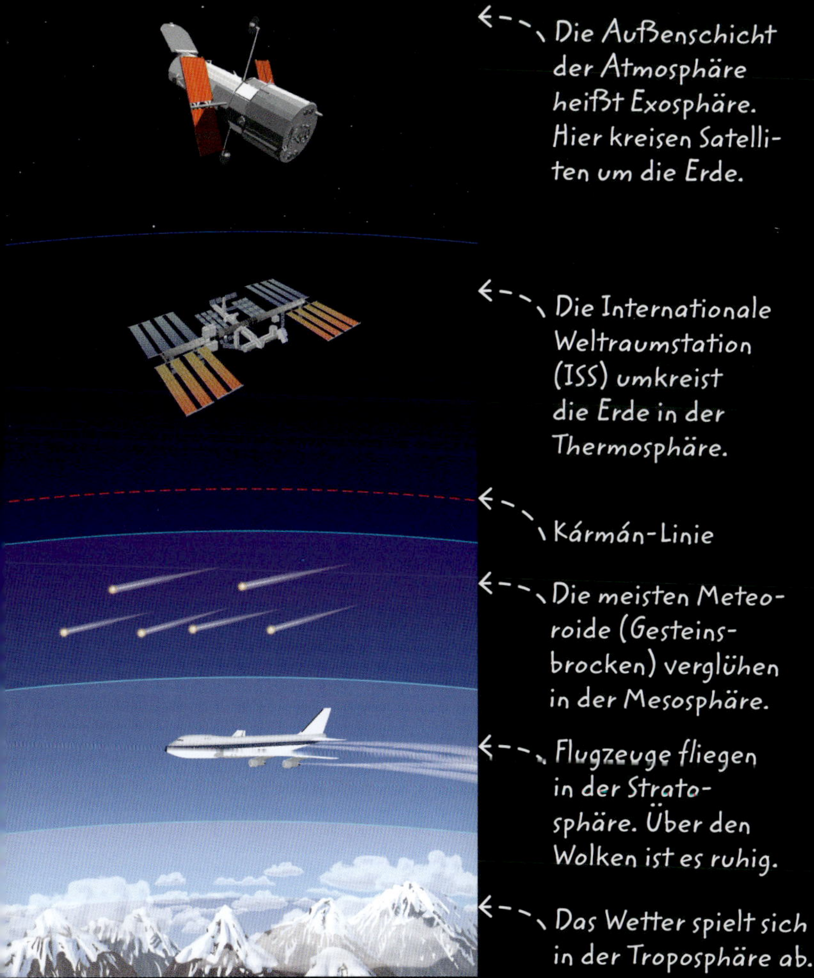

Was ist ein Stern?

Ein Stern ist eine Kugel aus heißen Gasen, die beim Verbrennen Wärme und Licht erzeugen. Sie werden von der Schwerkraft zusammengehalten. Die Sonne ist der erdnächste Stern.

Was ist ein Planet?

Planeten sind große Kugeln aus Gestein oder Gas, die um einen Stern kreisen. Sie werden von ihrer eigenen Schwerkraft zur Kugel geformt.

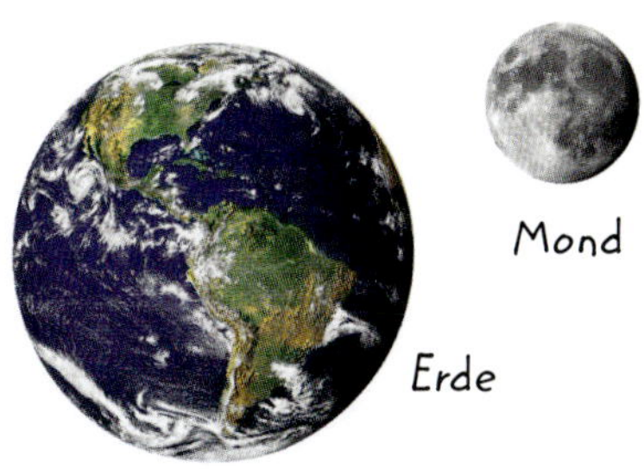

Was ist ein Mond?

Ein Körper, der einen größeren Körper umkreist, heißt Satellit. Ein Mond ist ein natürlicher Satellit. Monde kreisen um Planeten und auch um einige Asteroiden (Brocken aus Gestein und Metall).

Blick in den Himmel

Wenn du in klaren Nächten zum Himmel blickst, siehst du Hunderte oder gar Tausende von Sternen. Die Wissenschaft von den Planeten, Sternen und anderen Himmelskörpern ist die Astronomie. Forscher glauben, dass es sie schon fast so lange gibt, wie es die Menschen selbst gibt.

Frühe Astronomen ordneten die Sterne zu Mustern, den Sternbildern, und gaben ihnen Namen. So konnten sie sie besser wiedererkennen.

Karten des Nachthimmels

Menschen erstellten schon sehr früh Himmels- und Sternkarten. Mit ihrer Hilfe fanden sie sich an Land und auf dem Meer besser zurecht, weil sie anhand der Positionen der Sternbilder die Himmelsrichtungen bestimmen konnten.

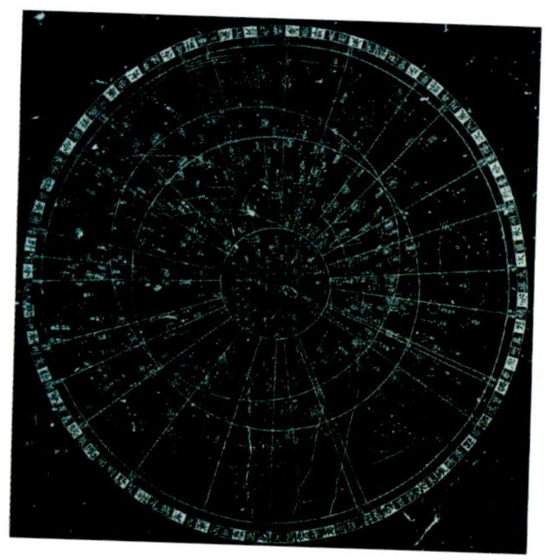

Sternkarte

Astronomie im Altertum

Anfangs konnten die Menschen den Nachthimmel nur mit bloßem Auge betrachten. Sie verfolgten die Bewegungen der Sonne und des Monds und seine veränderlichen Phasen. Sie rechneten die Länge eines Jahres auf der Erde aus und auch die Größe unseres Planeten.

Diese Gruppe aus Steinen heißt Stonehenge und steht in Wiltshire (England). Sie stammt aus der Steinzeit und sollte vielleicht helfen, die Bewegung der Sonne zu verstehen.

Erste Vorstellungen

Bis zum 16. Jh. glaubten viele Leute, dass die Erde im Mittelpunkt des Sonnensystems liege. Im Jahr 1543 stellte der deutsch-polnische Astronom Nikolaus Kopernikus aber die Theorie auf, dass alle Planeten im Sonnensystem um die Sonne kreisen.

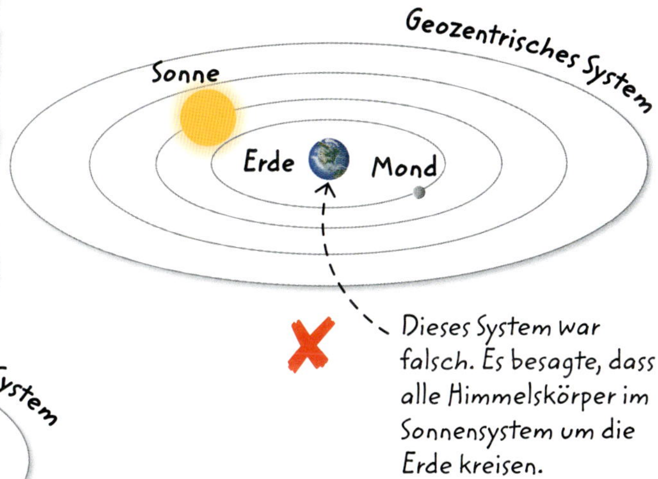

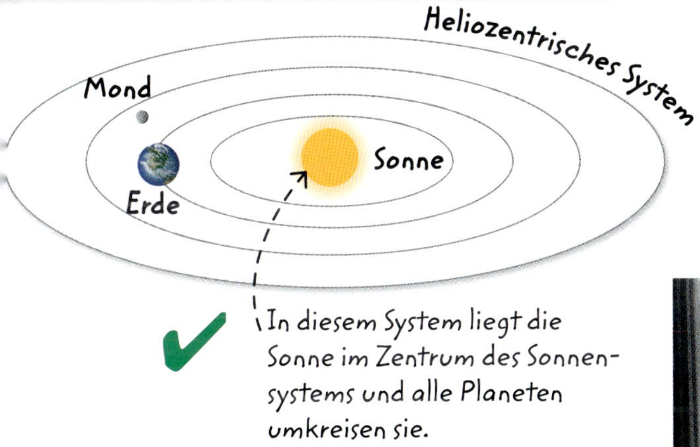

Das Teleskop

Es wurde etwa um 1609 erfunden und zeigte dem Beobachter weit entfernte Dinge. Teleskope sammeln das Licht von einem Objekt und vergrößern sein Bild mit Spiegeln und Linsen (gebogenen Glasscheiben).

Der italienische Wissenschaftler Galileo Galilei baute selbst ein Teleskop. Er war einer der ersten Menschen, der damit den Himmel erforschte.

Nachbau von Galileis Teleskop

Moderne Astronomie

Heutige Astronomen nutzen riesige Teleskope, die überall auf der Erde stehen. Einige Teleskope befinden sich sogar im Weltraum und die Astronomen steuern sie meist per Computer. Die Teleskope senden ihre Bilder vom Weltraum an den Computer, sodass die Astronomen sie untersuchen können.

Dieser Astronom arbeitet im Kontrollzentrum des Internationalen Observatoriums am Mount Graham in den USA.

Orion

Orion ist eines der bekanntesten Sternbilder am Nachthimmel. Es wurde nach einem Jäger in den griechischen Sagen benannt. Darin liegt der Orion-Nebel, ein Gebiet, in dem neue Sterne entstehen.

Steckbrief

- » **Wo sieht man ihn?** Nord- und Südhalbkugel
- » **Beste Sichtbarkeit:** Janua
- » **Helle Sterne:** 8
- » **Hellster Stern:** Rigel

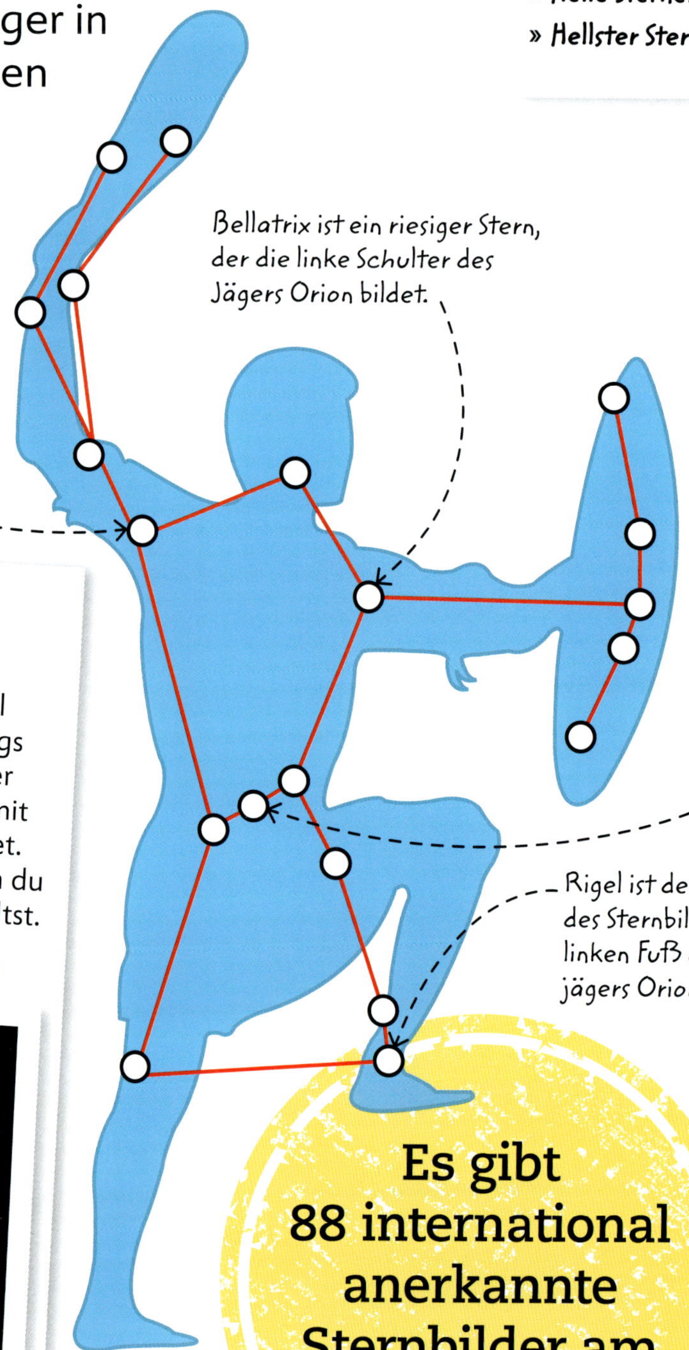

Ein Sternbild für die ganze Welt

Das Sternbild Orion ist überall auf der Erde sichtbar, allerdings steht es für Beobachter auf der Südhalbkugel auf dem Kopf, mit den Füßen nach oben gerichtet. Du findest es am besten, wenn du nach dem Gürtel Ausschau hältst.

Die Hauptsterne des Sternbilds Orion am Nachthimmel

Es gibt 88 international anerkannte Sternbilder am Nachthimmel.

Großer Bär

Der Große Bär (Ursa Major) ist das drittgrößte Sternbild am Nachthimmel. Ein Teil davon ist der berühmte Große Wagen. Man nennt ein solches Sternmuster, das kein eigenes Sternbild ist, auch Asterismus.

Steckbrief

- **Wo sieht man ihn?** Nordhalbkugel
- **Beste Sichtbarkeit:** Mai
- **Helle Sterne:** 7
- **Hellster Stern:** Alioth

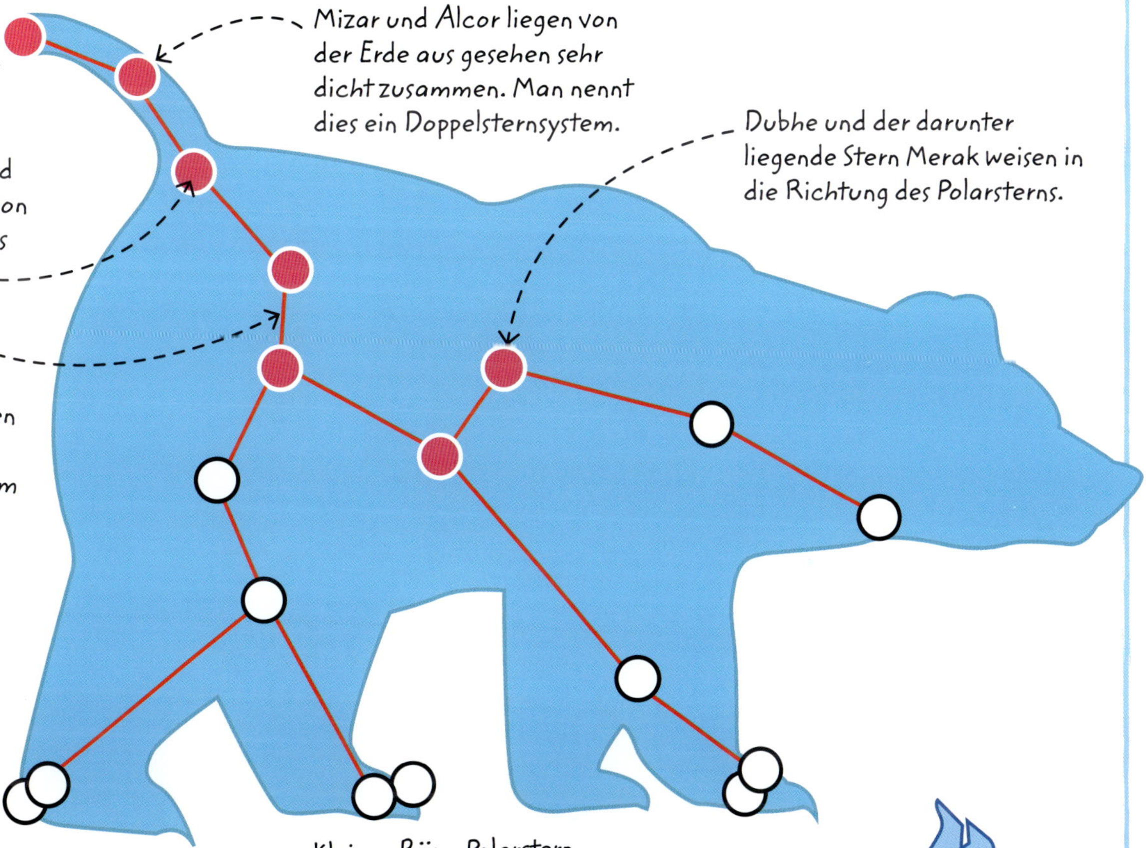

Der Polarstern

Mithilfe des Großen Bären kannst du den Polarstern finden, der ziemlich genau über dem Nordpol der Erde steht. Eine gerade Linie durch die beiden hinteren Sterne des Großen Wagens führt dich direkt zum Polarstern, der zum Sternbild Kleiner Bär gehört.

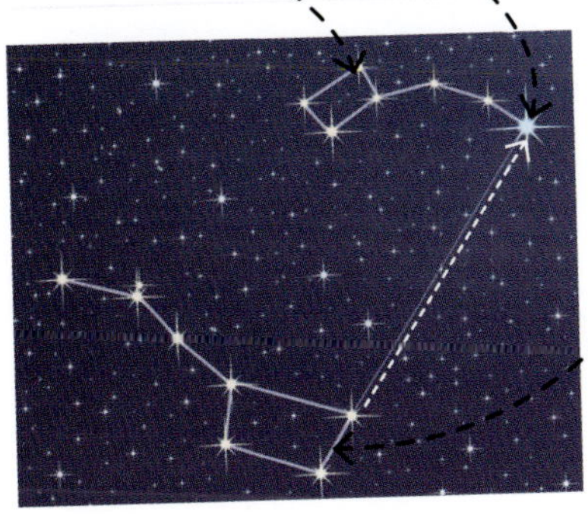

Der Große Bär als Wegweiser zum Polarstern

Das Sternbild Kleiner Bär (Ursa Minor) wird oft auch Kleiner Wagen genannt. Die Sterne bilden die Form eines kleinen Wagens oberhalb des Großen Bären.

Sternbilder

Die meisten der 88 Sternbilder sind jeweils nur von einem bestimmten Teil der Welt aus zu sehen, weil an jedem Punkt der Erde immer nur die Hälfte des Himmels sichtbar ist. Die Sterne liegen oft viel weiter voneinander entfernt, als es aussieht, weil einige näher an der Erde liegen als andere.

Der Schwanz des Skorpions liegt in der Nähe des Zentrums der Milchstraße. Deshalb siehst du wahrscheinlich einen milchigen Streifen aus lauter Sternen, wenn du in Richtung Skorpion blickst.

Im Herzen des Sternbilds liegt der Stern Antares. Er ist ein Roter Superriese – die größte Art von Stern im Universum.

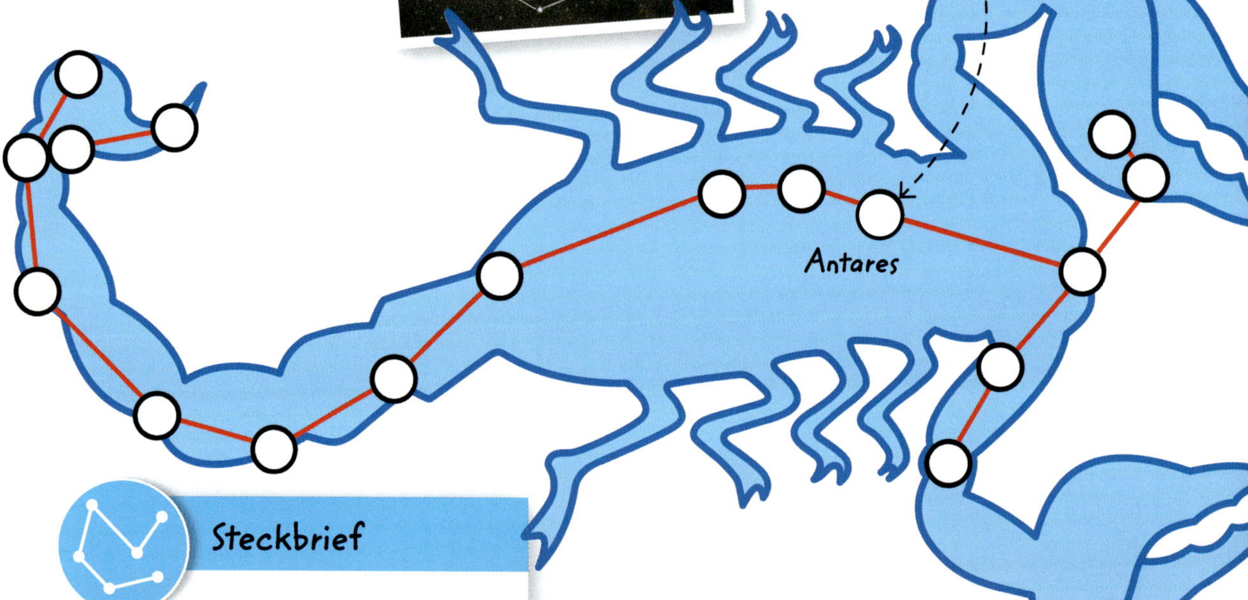

Steckbrief

- **Wo sieht man ihn?** Südhalbkugel
- **Beste Sichtbarkeit:** Juli
- **Helle Sterne:** 13
- **Hellster Stern:** Antares

Skorpion

Dieses Sternbild stellt den Skorpion (Scorpius) aus den griechischen Sagen dar, der ausgesandt wurde, um den Jäger Orion zu töten. Ihn sieht man auf der Südhalbkugel am besten, aber Teile des Sternbilds sind auch auf der Nordhalbkugel sichtbar.

Steckbrief

» **Wo sieht man sie?** Nordhalbkugel
» **Beste Sichtbarkeit:** Februar
» **Helle Sterne:** 6
» **Hellster Stern:** Pollux

Zwillinge

Die Zwillinge (Gemini) sind eines der ältesten Sternbilder und am Nordhimmel sichtbar. Sie stellen die Zwillingsbrüder Kastor und Pollux aus der griechischen Sage dar. Die beiden hellsten Sterne im Sternbild tragen die Namen der beiden Brüder.

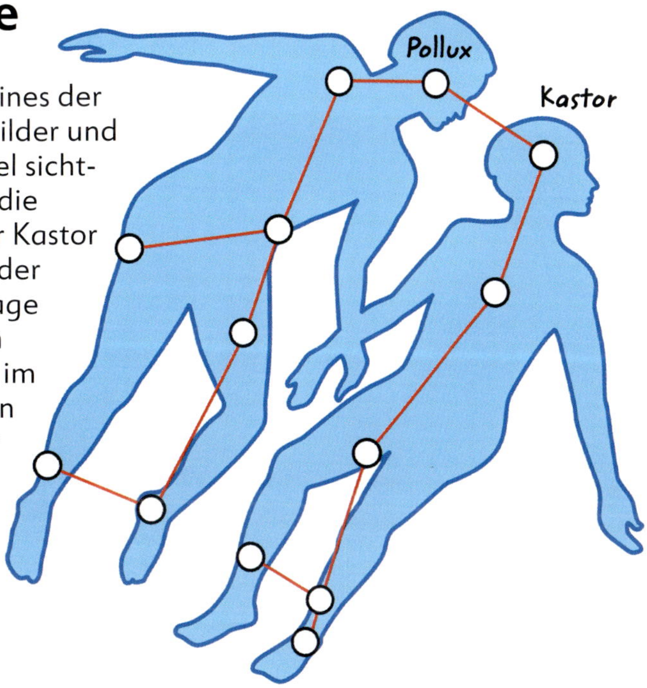

KLEINSTES STERNBILD

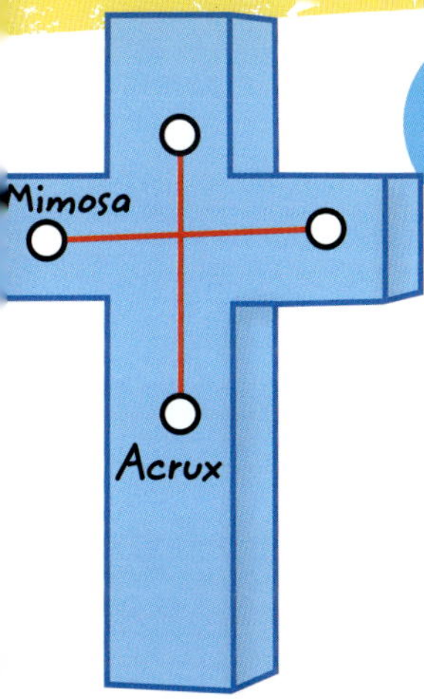

Steckbrief

» **Wo sieht man es?** Südhalbkugel
» **Beste Sichtbarkeit:** Mai
» **Helle Sterne:** 4
» **Hellster Stern:** Acrux

Kreuz des Südens

Das Kreuz des Südens (Crux) ist zwar das kleinste Sternbild, aber es ist wegen seiner Form trotzdem sehr leicht zu erkennen. Das Sternbild wurde schon seit uralten Zeiten genutzt, um den Südpol zu finden.

Steckbrief

» **Wo sieht man sie?** Nordhalbkugel
» **Beste Sichtbarkeit:** November
» **Helle Sterne:** 5
» **Hellster Stern:** Schedir (Alpha Cassiopeiae)

Kassiopeia

Die fünf hellen Sterne des Sternbilds Kassiopeia (Cassiopeia) bilden den Buchstaben „W“, sodass es am Himmel leicht zu finden ist. Kassiopeia hieß eine Königin in der griechischen Sagenwelt.

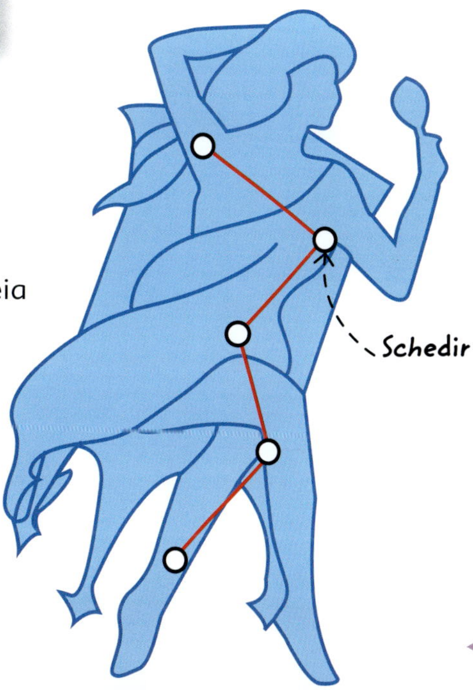

Observatorien

Observatorien haben sehr große Teleskope zum Beobachten des Nachthimmels. Die meisten sind weit entfernt von bewohnten Gebieten, zum Beispiel auf Bergen oder in Wüsten, wo das Wetter gut ist und es kaum künstliches Licht und Luftverschmutzung gibt. Dort ist der Nachthimmel klar.

Atacama Large Millimeter Array (ALMA)

ALMA besteht aus 66 Antennen, die zu einem riesigen Radioteleskop zusammengeschaltet sind. Radioteleskope empfangen Radiowellen von Galaxien und Sternen im Universum. Die Wellenlänge der ankommenden Wellen wird gemessen und ein Computer verwandelt die Informationen in ein Bild.

Steckbrief

- **Standort:** Atacamawüst (Chile)
- **Antennengröße:** 54 Antennen mit 12 m und 12 Antennen mit 7 m Durchmesser
- **Teleskoptyp:** Radioteleskop
- **Im Einsatz:** seit 2013

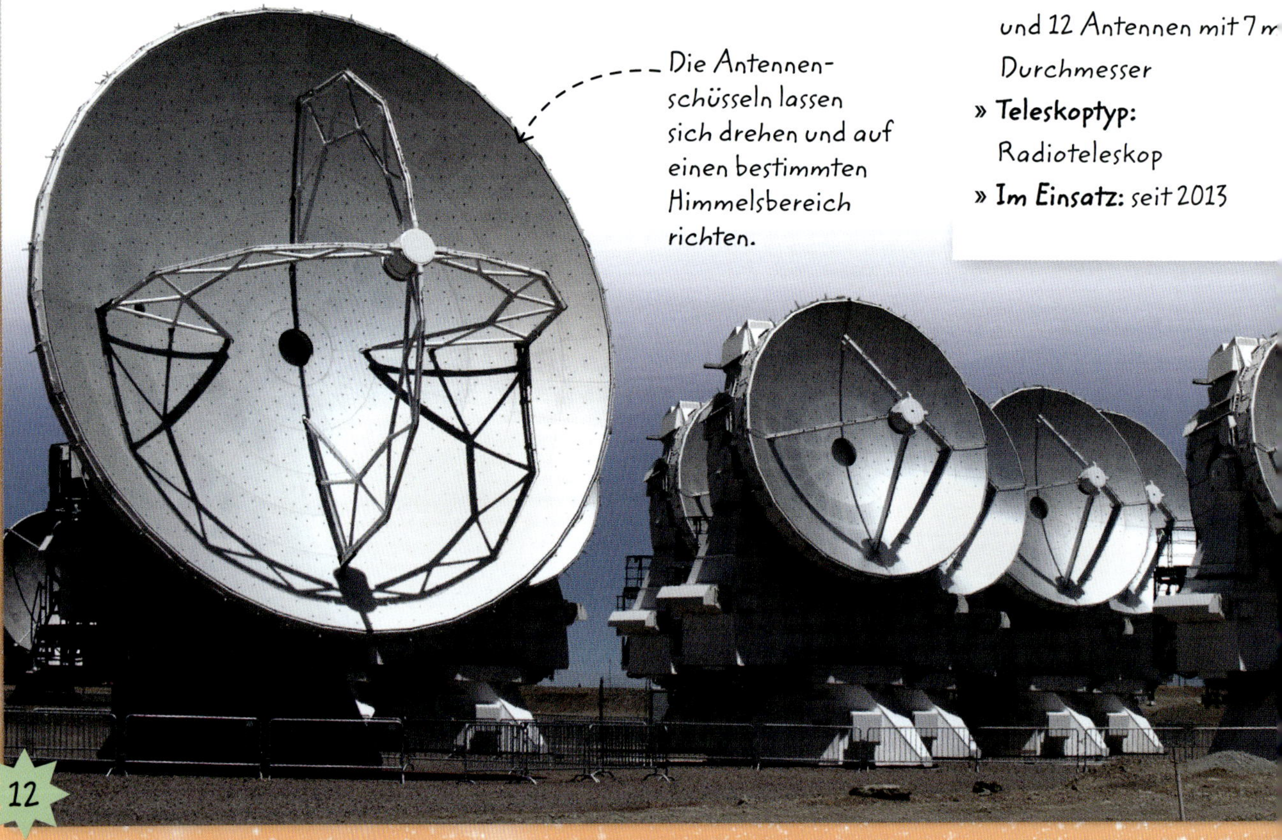

Die Antennenschüsseln lassen sich drehen und auf einen bestimmten Himmelsbereich richten.

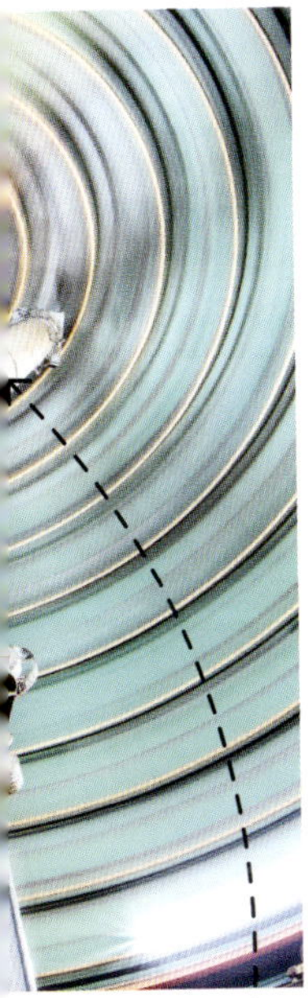

Steckbrief

- **Standort:** Kalifornien (USA)
- **Linsengröße:** 91 cm Durchmesser
- **Teleskoptyp:** Linsenteleskop
- **Im Einsatz:** seit 1888

Lick-Observatorium

Es war lange das größte, dauerhaft eingerichtete Observatorium auf einem Berggipfel. Das ursprüngliche Linsenteleskop ist heute noch in Betrieb. Es hat eine Glaslinse, die Licht von Himmelsobjekten sammelt und bündelt.

Als das Lick-Observatorium gebaut wurde, war es das größte Linsenteleskop der Welt.

Das Teleskop ist in einer großen, drehbaren Kuppel, sodass die Astronomen verschiedene Himmelsabschnitte sehen können.

Steckbrief

- **Standort:** Hawaii (USA)
- **Spiegelgröße:** 3,5 m
- **Teleskoptyp:** Spiegelteleskop
- **Im Einsatz:** seit 1979

Canada-France-Hawaii-Teleskop

Dies ist eines von zwölf Observatorien auf dem Gipfel des Mauna Kea, eines 4200 m hohen Bergs auf Hawaii (USA). Es hat ein Spiegelteleskop, das das Licht von den Himmelskörpern im Weltraum mithilfe von Spiegeln einsammelt.

Das Teleskop wurde im 19. Jh. in das Pariser Observatorium eingebaut. Zu seinem Schutz wurde eine Kuppel errichtet.

Steckbrief

- **Standort:** Paris (Frankreich)
- **Linsengröße:** 38 cm
- **Teleskoptyp:** Linsenteleskop
- **Im Einsatz:** seit 1671

Pariser Observatorium

Es ist das älteste Observatorium der Welt, das seit seinem Bau noch im Einsatz ist. Hier wurden zahlreiche bedeutende Entdeckungen gemacht, darunter zwischen 1671 und 1684 vier Monde des Saturn.

Unser Platz im All

Das Universum ist so riesengroß, dass man es sich kaum vorstellen kann. Die Erde, die anderen Planeten, die Sonne und alles, was du am Nachthimmel sehen kannst, sind nur ein paar der zahllosen Objekte, die es im Universum gibt.

Unser Sonnensystem liegt in einer Galaxie, die wir Milchstraße nennen. Sie ist eine Spiralgalaxie, die zwischen 100 und 400 Milliarden Sterne enthält.

Das Sonnensystem besteht aus einem Stern – der Sonne –, den acht Planeten, die sie umkreisen, sowie weiteren Himmelskörpern wie Zwergplaneten, Asteroiden und Kometen.

Unsere Heimat ist der Planet Erde. Er ist einer der acht Planeten in unserem Sonnensystem. Die Erde bietet alle Voraussetzungen für Leben: Wasser, Energie, Sauerstoff und Erdboden.

Was ist ein Lichtjahr?

Ein Lichtjahr ist ein Maß für Entfernungen: Es steht für die Strecke, die Licht in einem Jahr zurücklegt. Wir messen die riesigen Entfernungen zwischen Objekten im Universum in Lichtjahren. Ein Lichtjahr entspricht etwa 9,5 Billionen Kilometern.

Forscher schätzen, dass es im Universum mindestens 200 Milliarden Galaxien gibt. Sie haben viele verschiedene Formen und Größen.

Die Milchstraße ist eine der vielen Galaxien, die zu unserer Lokalen Gruppe von Galaxien gehören. Die Lokale Gruppe besteht aus mehr als 50 verschiedenen Galaxien und hat eine Ausdehnung von rund 10 Millionen Lichtjahren.

Der Urknall

Forscher glauben, dass das Universum vor rund 13,8 Milliarden Jahren mit einer gewaltigen Explosion, dem Urknall, entstand und sich seither ausdehnt. Sie denken, dass vor diesem Ereignis nichts existierte.

Die Illustration zeigt, wie der Urknall vielleicht aussah.

Proxima Centauri ist der nächste Stern. Er ist 4 Lichtjahre entfernt.

Canis Major ist die nächste Zwerggalaxie. Sie ist 25 000 Lichtjahre entfernt.

Andromeda ist die nächste Spiralgalaxie. Sie ist etwa 2,5 Millionen Lichtjahre von der Erde entfernt.

10 | 100 | 1000 | 10 000 | 100 000 | 1 Million | 10 Millionen

Erde

Entfernung von der Erde in Lichtjahren

(nicht maßstabsgetreu)

Sonnensystem

Das Sonnensystem ist unsere Heimat im Weltraum. Den Mittelpunkt bildet ein Stern, die Sonne. Viele Objekte kreisen auf ihren Umlaufbahnen um die Sonne. Zu ihnen gehören die acht Planeten und ihre Monde, fünf bekannte Zwergplaneten sowie zahllose Asteroiden, Meteoroiden und Kometen.

Eine Umlaufbahn ist eine runde Bahn im All, auf der sich ein Himmelskörper bewegt. Alle acht Planeten kreisen auf einer eigenen Umlaufbahn um die Sonne.

Die Sonne ist ein gelber Zwergstern. Ihre Schwerkraft zieht die Himmelskörper im Sonnensystem an und hält sie auf ihrer Umlaufbahn fest.

Asteroiden sind Brocken aus Metall und Gestein, die um die Sonne kreisen. Die meisten liegen im Asteroidengürtel zwischen Mars und Jupiter.

Kepler-16b ist ein Planet, der nicht nur um einen, sondern um zwei Sterne kreist!

Andere Planetensysteme

Unsere Sonne ist nicht der einzige Stern mit Planeten. Forscher haben in unserer Galaxie, der Milchstraße, bereits Tausende von Planetensystemen entdeckt. Einige davon haben nur einen Planeten, andere dagegen mehrere.

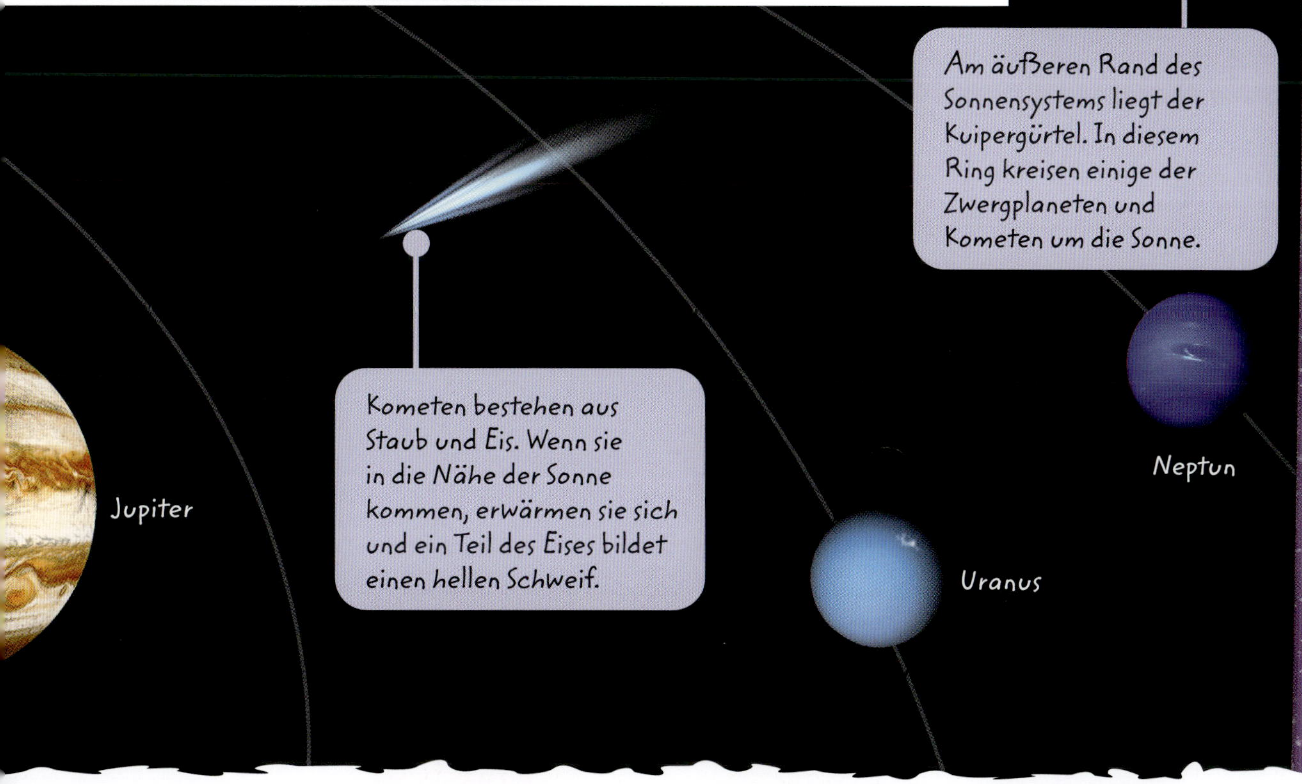

Planeten-typen

Im Sonnensystem gibt es drei Typen: Gesteinsplaneten, Gasriesen und Eisriesen. Die vier sonnennahen Planeten sind Gesteinsplaneten, die vier äußeren Planeten sind Gas- und Eisriesen.

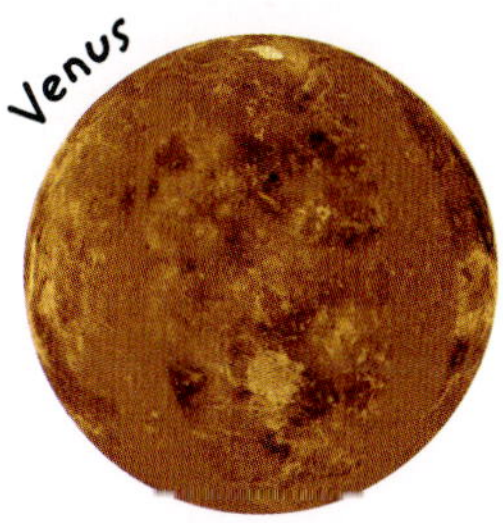

Gesteinsplaneten haben eine feste Oberfläche. Dazu zählen Merkur, Venus, Erde und Mars.

Gasriesen bestehen hauptsächlich aus Gas. Dazu zählen Jupiter und Saturn.

Eisriesen bestehen hauptsächlich aus Eis und Gas. Dazu zählen Uranus und Neptun.

Die Sonne

Die Sonne ist der einzige Stern im Sonnensystem. Ihre Schwerkraft verhindert, dass die Planeten ins All hinaus fliegen. Ihre Oberfläche strahlt viel Wärme, Licht und andere Energieformen aus.

GRÖSSTES OBJEKT IM SONNENSYSTEM

⚠ Blicke nie direkt in die Sonne, das schädigt die Augen!

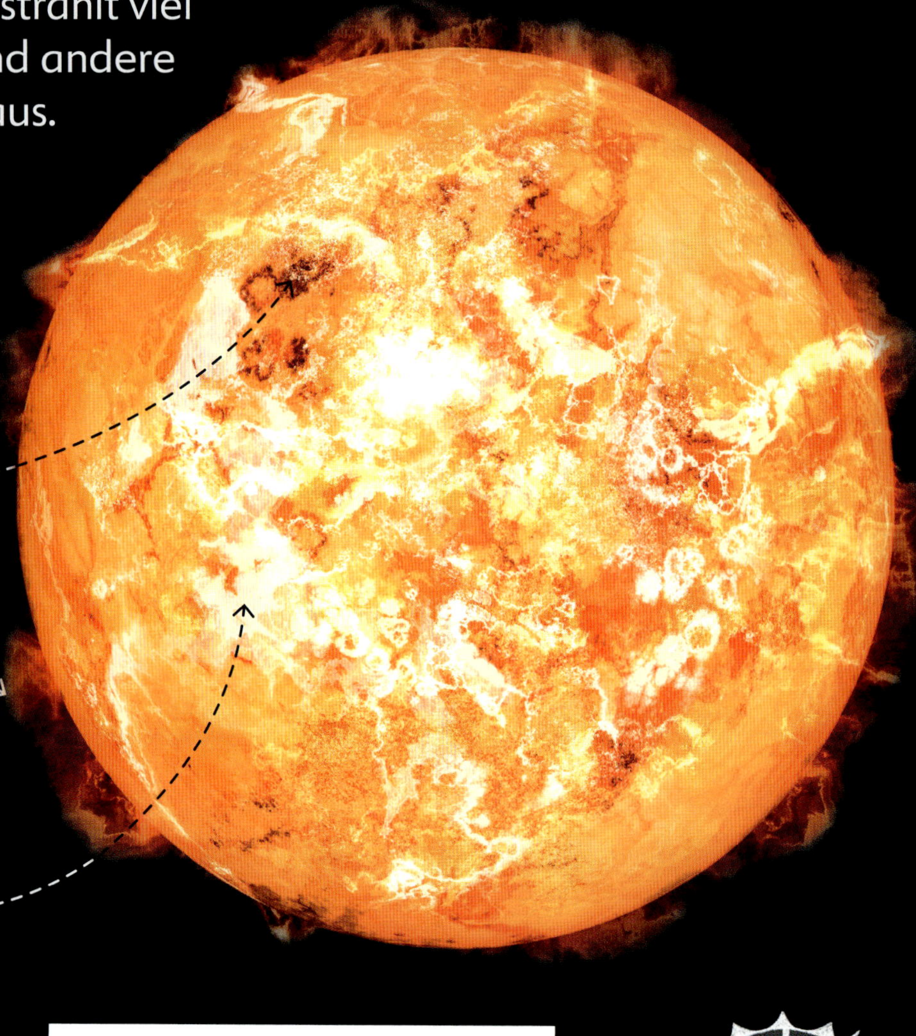

Sonnenflecken sind kühlere Bereiche, die dunkler sind als die übrige Oberfläche.

Riesige Bogen aus Gas, die aus der Oberfläche hervorbrechen, nennt man Protuberanzen.

Sonneneruptionen sind plötzliche Energieausbrüche auf der Sonnenoberfläche.

Solarenergie

Aus Sonnenlicht lässt sich Elektrizität gewinnen. Man nennt das Solarenergie. Solarmodule nehmen die Energie des Sonnenlichts auf und verwandeln sie in elektrischen Strom.

Haus mit Solarmodulen auf dem Dach

Die Sonne beinhaltet 99,8 Prozent der gesamten Masse im Sonnensystem.

Das Innere

Die Sonne ist eine riesige Kugel aus heißen Gasen – vor allem Wasserstoff und Helium. Sie hat fünf Schichten: die Sonnenatmosphäre, Fotosphäre, Konvektionszone, Strahlungszone und den Kern.

Steckbrief

- » **Sterntyp:** Gelber Zwerg
- » **Größe:** 1,4 Mio. km Durchmesser
- » **Alter:** 4,5 Mrd. Jahre
- » **Oberflächentemperatur:** 5500 °C

Die feurige Fotosphäre wird oft als Sonnenoberfläche bezeichnet.

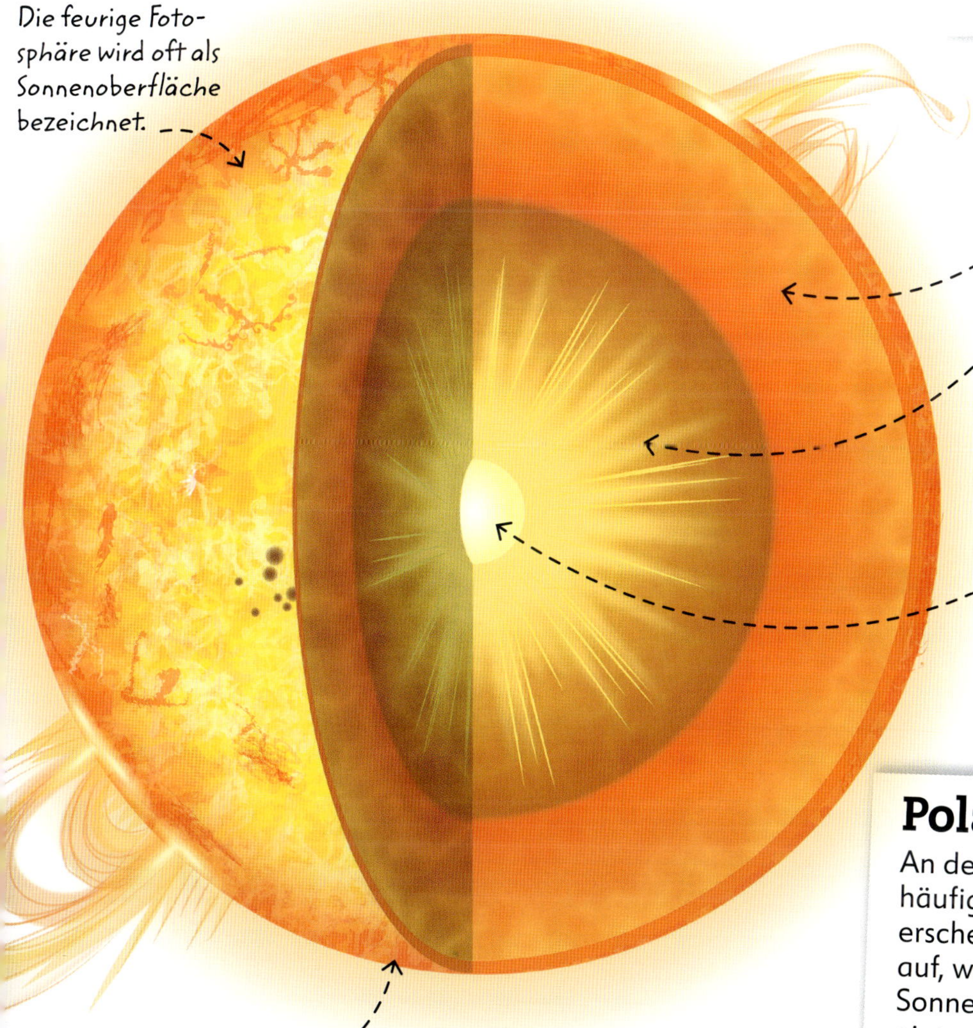

In der Konvektionszone wird die Wärme in großen Blasen aus heißem Gas nach oben transportiert.

Energie aus dem Kern bewegt sich durch die Strahlungszone nach außen. Es dauert oft Tausende von Jahren, bis diese Energie die Oberfläche erreicht.

Im Kern ist es unglaublich heiß: Er erreicht Temperaturen von 15 Millionen Grad Celsius.

Die Atmosphäre der Sonne hat zwei Schichten: die rotorangefarbene Chromosphäre und die Korona. Die Korona ist eine Gasschicht, die sich weit ins All erstreckt.

Pioneer 6 war eine der ersten Raumsonden, die die Sonne erforschten. Sie wurde 1965 gestartet.

Polarlichter

An den Erdpolen sieht man häufig wunderschöne Lichterscheinungen. Sie treten auf, wenn Teilchen von der Sonne in die Erdatmosphäre eintreten.

Merkur

KLEINSTER PLANET IM SONNENSYSTEM

Merkur ist der kleinste Planet und der Sonne am nächsten. Er ist nur etwas größer als unser Mond und sieht auch so aus: grau und mit Kratern übersät. Merkur kreist viel schneller um die Sonne als alle anderen Planeten.

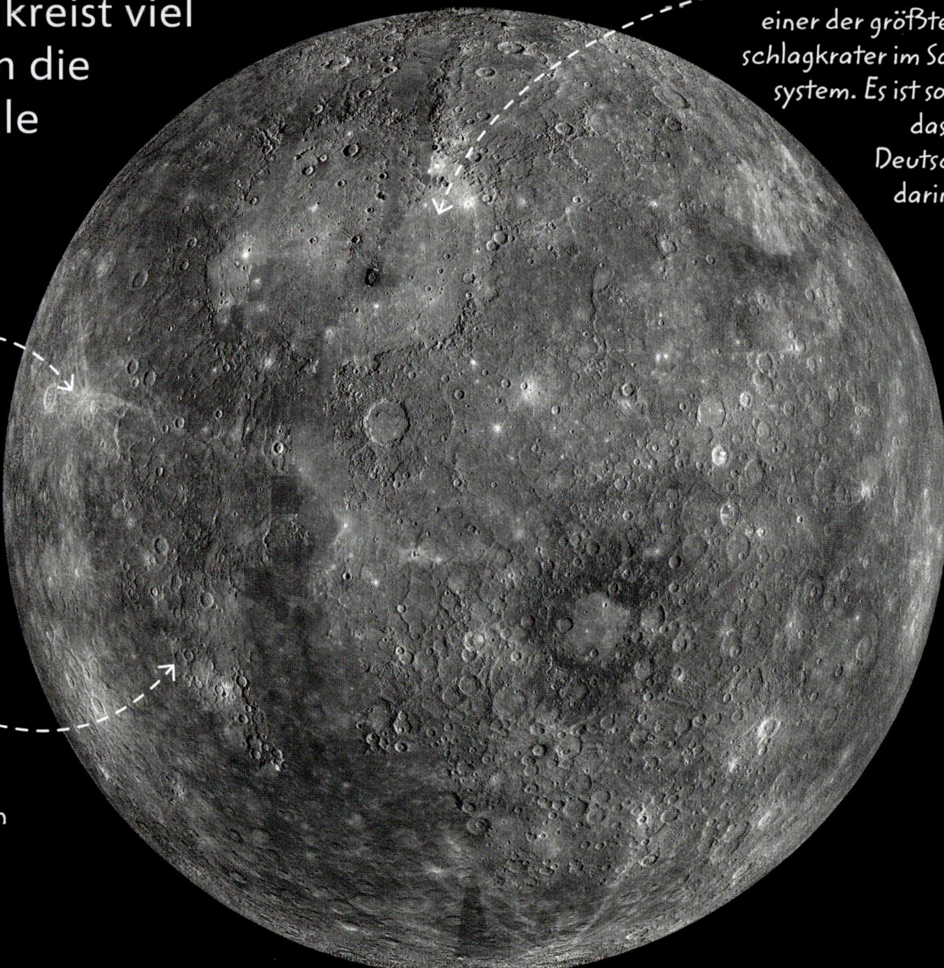

Das Caloris-Becken ist einer der größten Einschlagkrater im Sonnensystem. Es ist so groß, dass ganz Deutschland darin Platz hätte.

Die hellen Streifen heißen Strahlen. Sie entstehen, wenn bei einem Einschlag Teilchen aus einem Krater geschleudert werden.

Die Merkuroberfläche ist mit vielen Kratern übersät, die durch Einschläge von Asteroiden entstanden sind.

Heiß und kalt

Merkur ist der Sonne so nah, dass die Temperatur am Tag bis auf 430 °C steigen kann. In der Nacht dagegen sinkt sie bis auf eiskalte –180 °C, weil die dünne Atmosphäre die Wärme nicht festhalten kann.

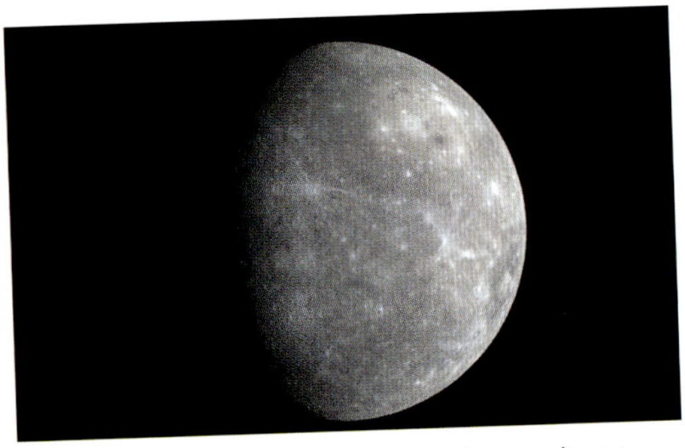

Merkur liegt hier halb im Sonnenlicht.

Das Innere

Merkur ist ein Gesteinsplanet. Seine Oberfläche ist so fest, dass man darauf gehen könnte. Dafür, dass er so klein ist, ist sein Kern ungewöhnlich groß. Im Vergleich dazu sind Mantel und Kruste viel dünner.

Steckbrief

- **Entfernung zur Sonne:** 58 Mio. km
- **Tageslänge:** 59 Erdtage
- **Länge eines Jahres:** 88 Erdtage
- **Oberflächentemperatur:** –180–430 °C
- **Anzahl der Monde:** 0

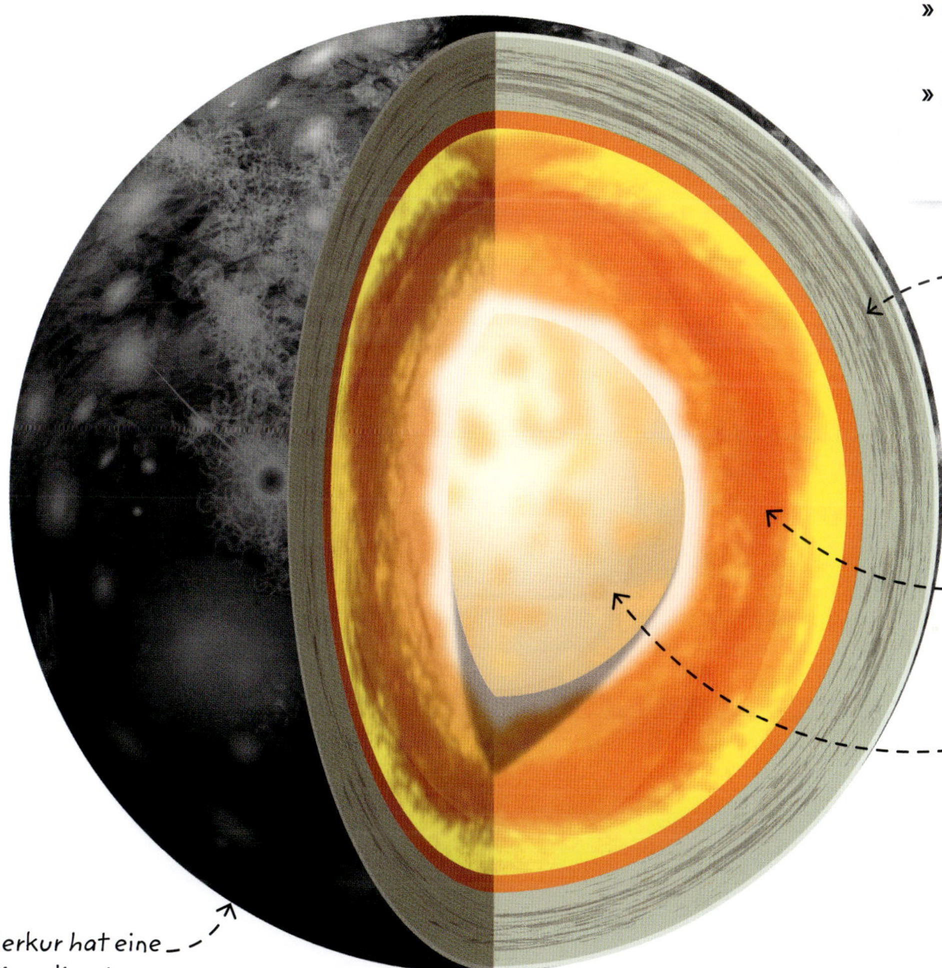

Der Mantel besteht aus Gesteinsmaterial und ist viel dünner als bei den anderen Planeten im Sonnensystem.

Merkurs äußerer Kern ist flüssig und besteht aus Metallen, vor allem Eisen.

Der große, innere Kern ist fest. Zusammen bilden der flüssige und feste Kern rund 85 Prozent des gesamten Planeten.

Merkur hat eine dünne Kruste, auf der es viele Hügel und Bergketten gibt.

Erforschung

Die Raumsonde *Messenger* untersuchte Merkur von 2011 bis 2015. Sie fotografierte fast die gesamte Oberfläche und erforschte auch das Innere des Planeten. *Messenger* war die erste Sonde in der Umlaufbahn.

Messenger in der Merkur-Umlaufbahn

Venus

Der zweite Planet von der Sonne aus gesehen, ist nach der römischen Göttin der Liebe und Schönheit benannt. Er ist nach dem Mond das zweithellste Objekt am Nachthimmel.

HEISSESTER PLANET IM SONNENSYSTEM

Wie auf der Erde gibt es auch auf der Venus Gebirge. Der höchste Gipfel heißt Skadi Mons und liegt im Gebirge Maxwell Montes.

Auf der Venus gibt es viele Vulkane, die zum Teil noch aktiv sind. Bei Ausbrüchen fließt Lava über die Oberfläche.

Über der Venus liegen dicke, gelbe Wolken aus Schwefelsäure. Das ist ein schädlicher chemischer Stoff.

Die Oberfläche der Venus ist relativ glatt und fest und hat nicht so viele Krater wie die anderen Gesteinsplaneten.

Giftiger Planet

Von oben sieht die Venus unter ihren blassen Wolken sehr friedlich aus. Die dichte Atmosphäre ist aber giftig und verdeckt eine glühend heiße, leblose Welt. Forscher glauben, dass die Venus unter den Wolken feurig-orangefarben ist.

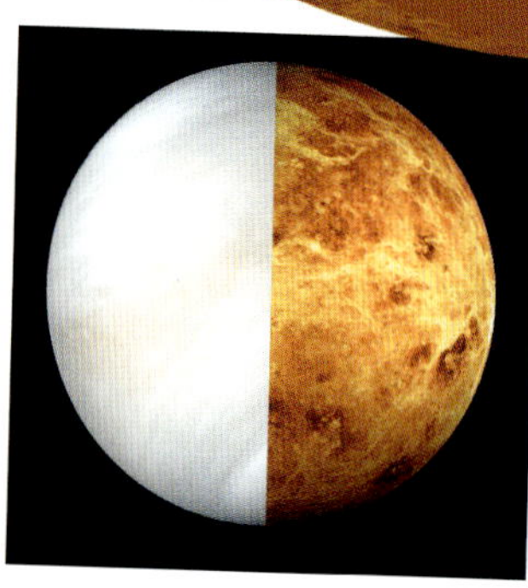

Venus über und unter den Wolken

Das Innere

Venus ist ein Gesteinsplanet mit einer sehr dichten Atmosphäre, die den Planeten ständig bedeckt. Sie ist ähnlich aufgebaut wie die Erde: mit einem Kern aus Eisen, einem flüssigen Mantel und einer dünnen Kruste.

Steckbrief

- **Entfernung zur Sonne:** 108 Mio. km
- **Tageslänge:** 243 Erdtage
- **Länge eines Jahres:** 225 Erdtage
- **Oberflächentemperatur:** 471 °C
- **Anzahl der Monde:** 0

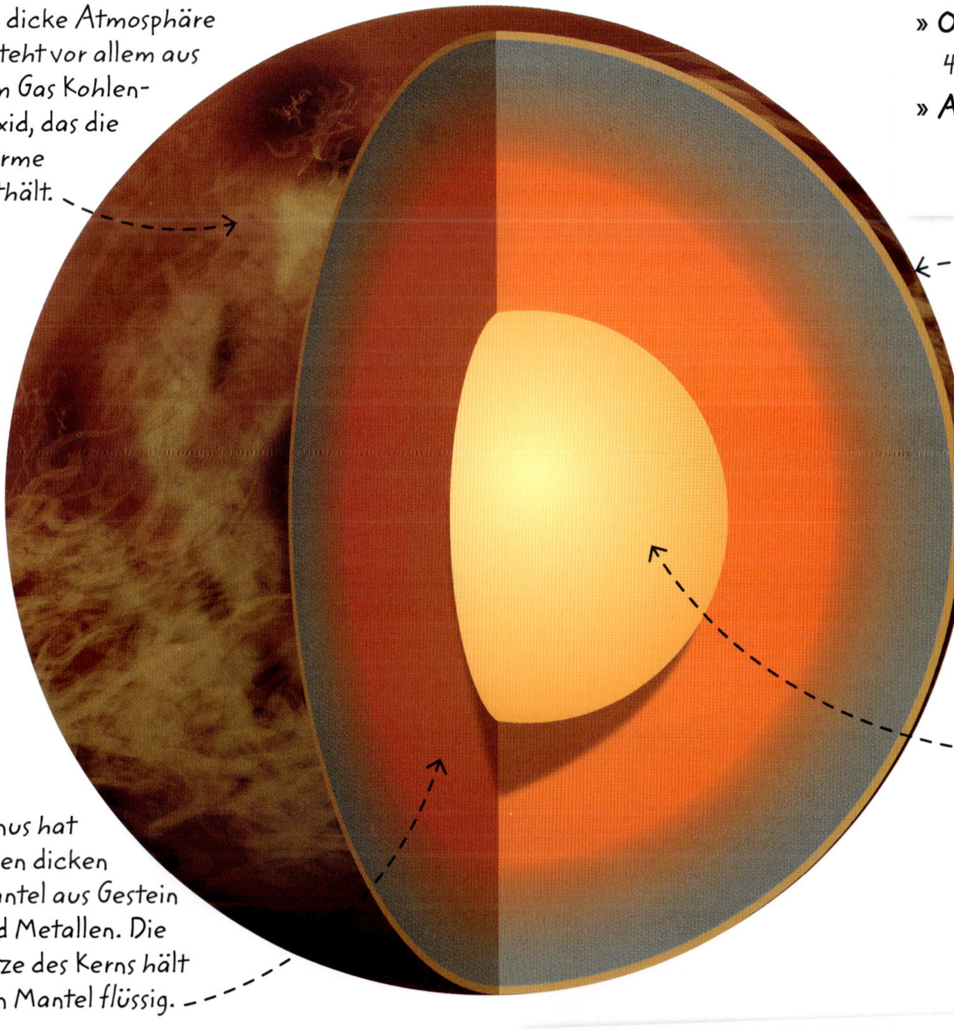

Heißer Zwilling

Wegen ihrer ähnlichen Größe, werden Venus und Erde oft als Zwillinge bezeichnet. Darüber hinaus haben die Planeten aber nichts gemeinsam. Die Venus dreht sich in die Gegenrichtung zur Erde und ist so heiß und giftig, dass Menschen dort nicht leben könnten.

Venus und Erde

Erde

Der dritte Planet ist unsere Heimat, die Erde. Bisher kennen wir keinen anderen Ort im Universum, auf dem es Leben gibt. Sie ist ein Gesteinsplanet mit fester Oberfläche und flüssigem Wasser.

Die Erde ist der einzige Planet im Sonnensystem mit flüssigem Wasser auf der Oberfläche.

Auf dem Nordpolarmeer der Arktis treibt relativ dünnes Eis, während die Antarktis im Süden ein fester Kontinent ist, der mit dicken Eisschichten bedeckt ist.

Ozeane bedecken knapp 70 Prozent der Oberfläche. Sie enthalten 97 Prozent des gesamten Wassers auf der Erde.

Die feste Oberfläche besteht aus Gestein. Das Land bildet viele Formen wie Gebirge, Vulkane, Täler oder Ebenen.

Wolken bestehen aus winzigen Wassertröpfchen. Sie regeln die Temperatur auf dem Boden. Sie reflektieren einen Teil des Lichts von der Sonne und halten gleichzeitig Wärme am Boden fest.

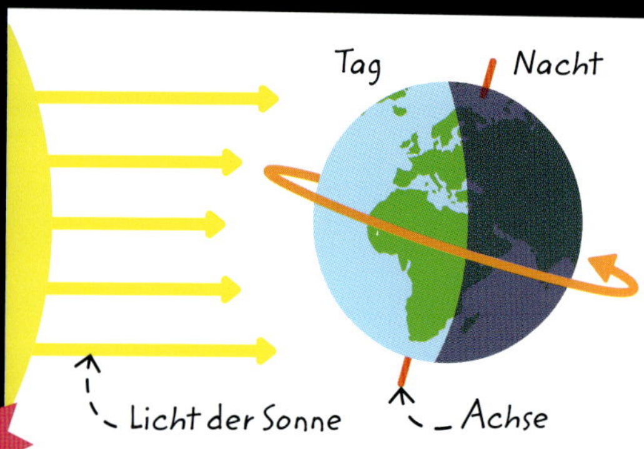

Tag und Nacht

Die Erde dreht sich um ihre Achse – eine gedachte Linie von Pol zu Pol durch die Mitte. Dabei ist immer eine Hälfte der Sonne zugewandt: Dort ist Tag. Die andere Hälfte ist von der Sonne abgewandt. Dort herrscht dann Dunkelheit.

Das Innere

Die Erde besteht hauptsächlich aus Gesteinsmaterial und Metallen. Die äußere Schicht ist die Erdkruste und darunter gibt es drei weitere Schichten: den Mantel, den äußeren Kern und den inneren Kern.

Steckbrief

- **Entfernung zur Sonne:** 150 Mio. km
- **Tageslänge:** 24 Stunden
- **Länge eines Jahres:** 365 Tage
- **Oberflächentemperatur:** –89–58 °C
- **Anzahl der Monde:** 1

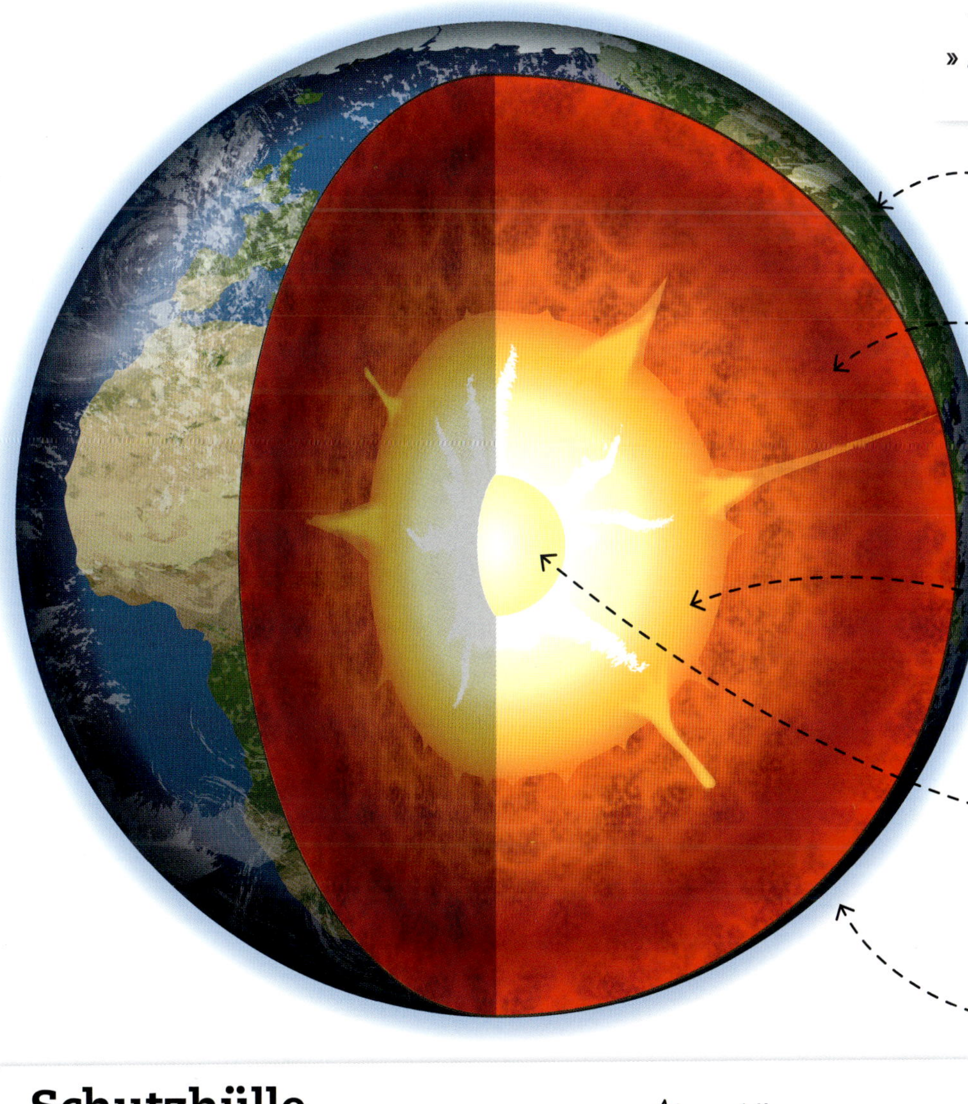

Schutzhülle

Die Erdatmosphäre schützt uns vor der schädlichen Strahlung der Sonne und vor Gesteinsbrocken aus dem All. Diese zerbrechen, wenn sie in die Erdatmosphäre eintreten, und Teile verglühen, bevor sie den Erdboden erreichen.

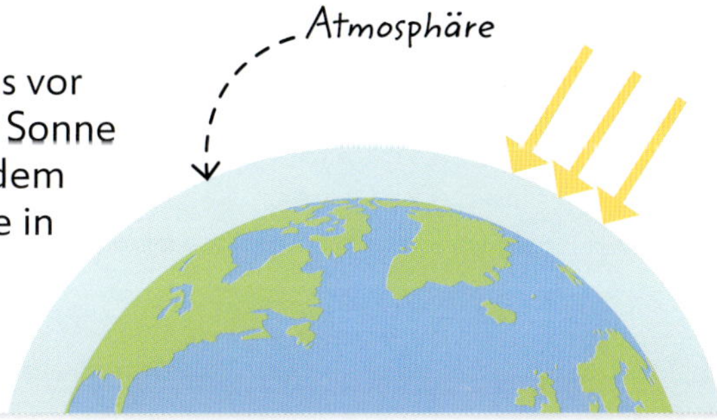

Der Mond

Der Mond ist ein Himmelskörper, der um die Erde kreist. Er ist am Nachthimmel sehr gut sichtbar. Wahrscheinlich entstand er vor vielen Milliarden Jahren, als ein Asteroid auf die Erde stürzte.

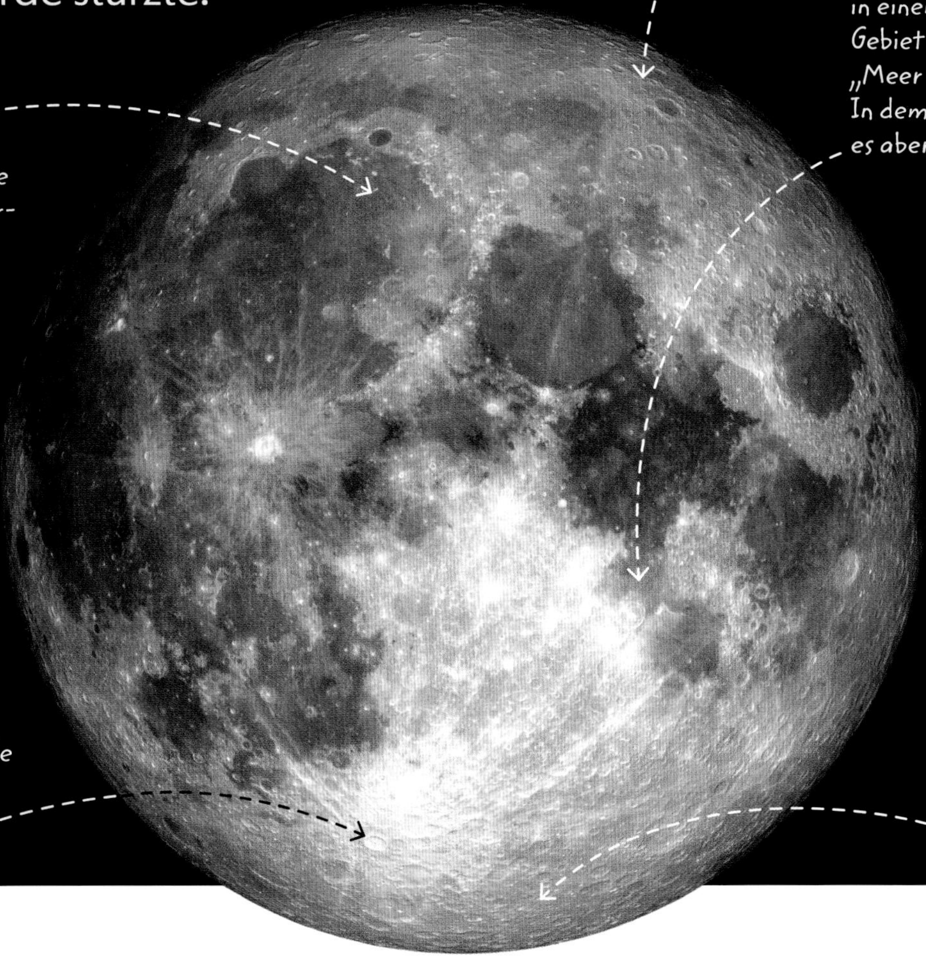

Mondphasen

Während der Mond um die Erde kreist, sieht man unterschiedlich viel von ihm. Dadurch wirkt es, als ändere der Mond ständig seine Form.

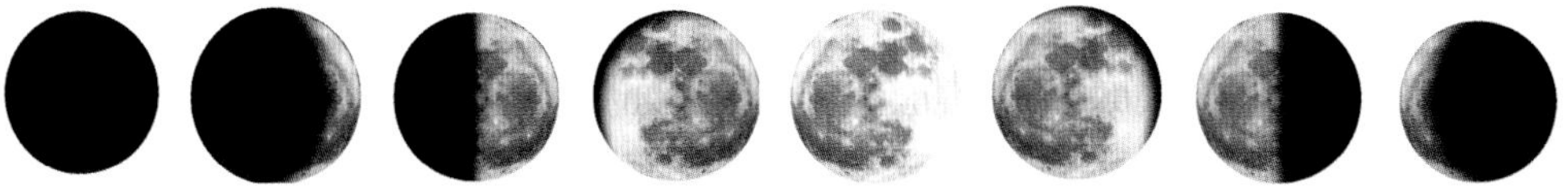

Die acht Mondphasen

Das Innere

Die Mondoberfläche ist sehr trocken. Es gibt dort weder Luft noch Wasser. Der Mond besteht aus einem Kern, einem Mantel und einer Kruste. Seine Drehung ist an die Erddrehung gebunden, das heißt, dass er der Erde immer dieselbe Seite zuwendet.

Steckbrief

- **Entfernung zur Erde:** 384 400 km
- **Umlaufzeit:** 27 Tage
- **Größe:** 3475 km Durchmesser

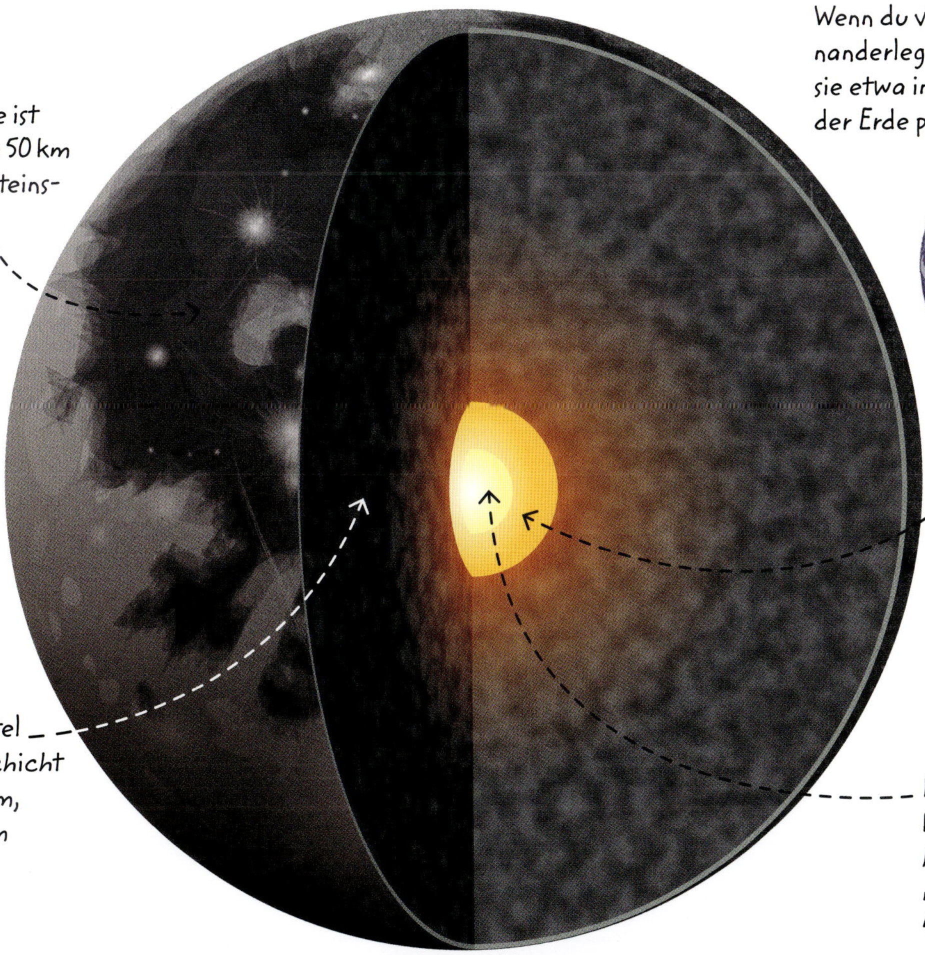

Wenn du vier Monde nebeneinanderlegen könntest, würden sie etwa in den Durchmesser der Erde passen!

Sonnenfinsternis

Eine Sonnenfinsternis tritt ein, wenn der Mond auf seiner Bahn genau zwischen Erde und Sonne hindurchzieht. Dann blockiert er das Sonnenlicht und wirft seinen Schatten auf die Erde.

Bei einer Sonnenfinsternis verdeckt der Mond die Sonne.

Mars

Mars ist etwa halb so groß wie die Erde. Er heißt auch der „Rote Planet“, weil er von rotem Staub bedeckt ist. Er ist der vierte Planet und nach dem römischen Kriegsgott benannt.

Olympus Mons ist der größte Vulkan im Sonnensystem.

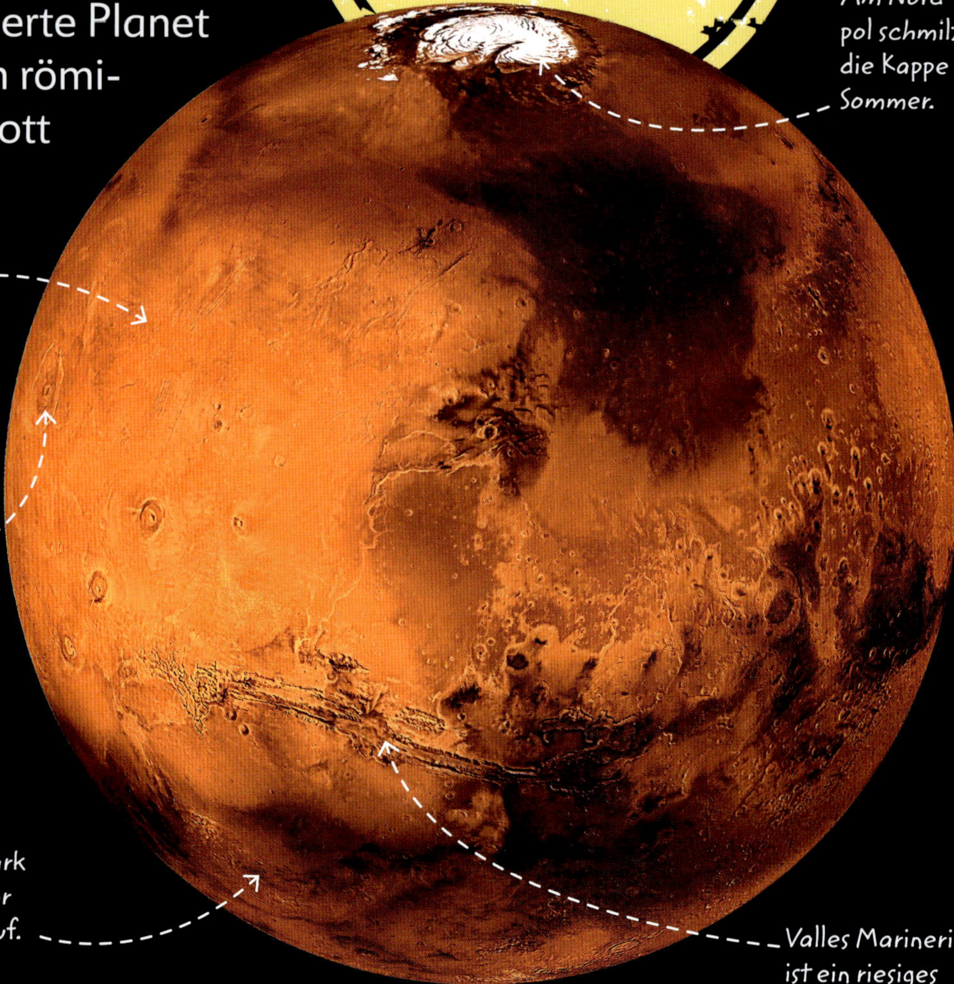

Bizarre Marsmonde

Phobos und Deimos waren wohl früher Asteroiden, die von der Schwerkraft des Mars eingefangen wurden, als sie bei einem Zusammenstoß in seine Richtung geschleudert wurden. Phobos ist doppelt so groß wie Deimos.

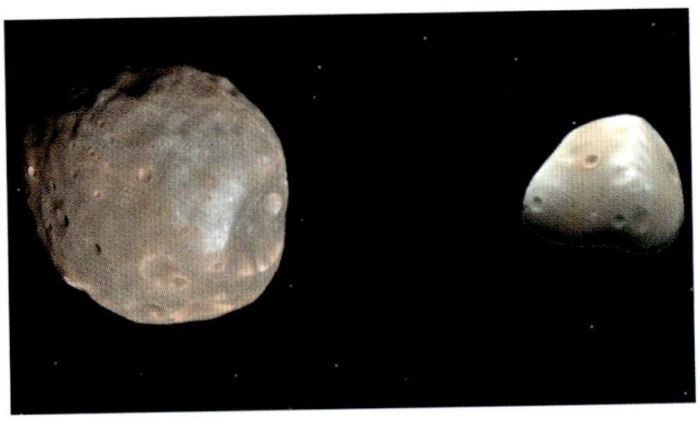

Die Marsmonde Phobos und Deimos

Das Innere

Mars ist ein kalter, trockener Gesteinsplanet. Er ist von einer hauchdünnen Atmosphäre umgeben und hat Jahreszeiten wie die Erde. Die Farbe kommt daher, dass der Boden Eisenoxid, also Rost, enthält.

Steckbrief

- **Entfernung zur Sonne:** 228 Mio. km
- **Tageslänge:** 24,6 Stunden
- **Länge eines Jahres:** 687 Erdtage
- **Oberflächentemperatur:** –143–35 °C
- **Anzahl der Monde:** 2

Die Marskruste ist eine feste Hülle, ganz anders als die Erdkruste mit ihren Platten.

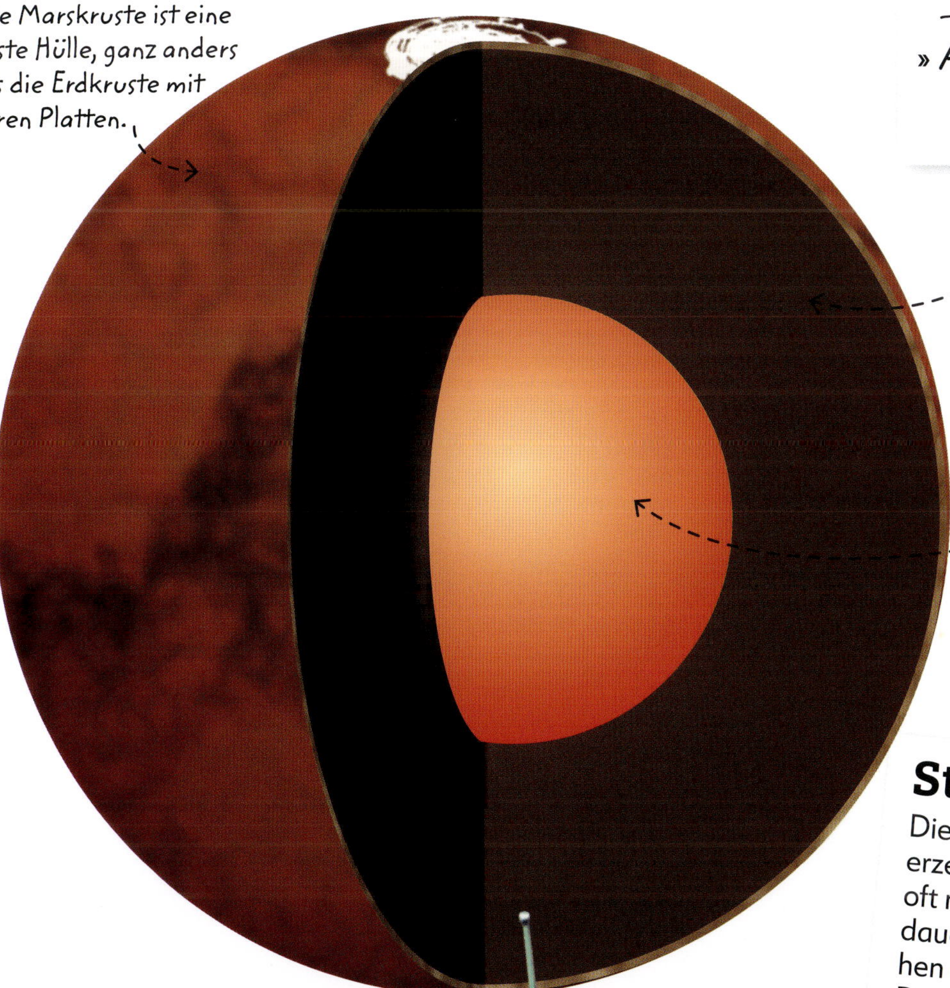

Zwischen Kern und Kruste liegt der Mantel. Er ist eine dicke Schicht aus halb flüssigem Gestein.

Mars hat einen kleinen, festen Kern aus Eisen und anderen Metallen.

Staubstürme

Die Winde auf dem Mars erzeugen Staubstürme, die oft mehrere Wochen lang dauern. Manche überziehen den ganzen Planeten. Danach dauert es einige Monate, bis sich der Staub wieder legt.

Sojourner war so groß wie ein Mikrowellenherd. Er war der erste Rover, der auf einem anderen Planeten landete. Er kam im Juli 1997 auf dem Mars an und sammelte drei Monate lang Informationen über den Planeten.

Ein „Staubteufel" auf Mars

Jupiter

Der fünfte Planet im Sonnensystem, zwischen Asteroidengürtel und Saturn, ist nach dem König der römischen Götter benannt. Er ist so groß, dass er am Nachthimmel ohne Teleskop sichtbar ist. Seine schwachen Ringe sind aber mit bloßen Augen nicht zu erkennen.

GRÖSSTER PLANET IM SONNENSYSTEM

Jupiter dreht sich schneller als alle anderen Planeten im Sonnensystem, sodass dort starke Winde wehen. Die Winde erzeugen bunte Wolkenbänder in der Atmosphäre.

Der „Große Rote Fleck“ ist ein riesiger Wirbelsturm, der schon seit einigen Hundert Jahren wütet.

Ringe aus Staub

Die Sonde *Voyager 1* entdeckte 1979 vier schwach leuchtende, rötliche Ringe um Jupiter. Sie bestehen aus Staub von Meteoriteneinschlägen auf Jupitermonden wie Adrastea und Metis.

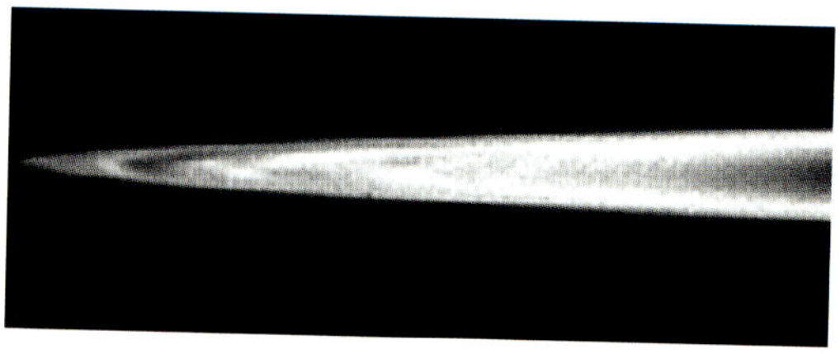

Der Hauptring des Jupiter auf einem Foto der Raumsonde Galileo

Das Innere

Jupiter ist ein Gasriese ohne feste Oberfläche. Ebenso wie die Sonne besteht Jupiter fast vollständig aus den Gasen Wasserstoff und Helium, aber er war zu klein, um ein Stern werden zu können.

Steckbrief

- » **Entfernung zur Sonne:** 778 Mio. km
- » **Tageslänge:** 9,9 Stunden
- » **Länge eines Jahres:** 11,8 Erdenjahre
- » **Oberflächentemperatur:** −143 – 108 °C
- » **Anzahl der Monde:** 79

Die dichten Wolken auf Jupiter enthalten Eiskristalle aus Ammoniak. Das ist ein chemischer Stoff, der wie faule Fische riecht.

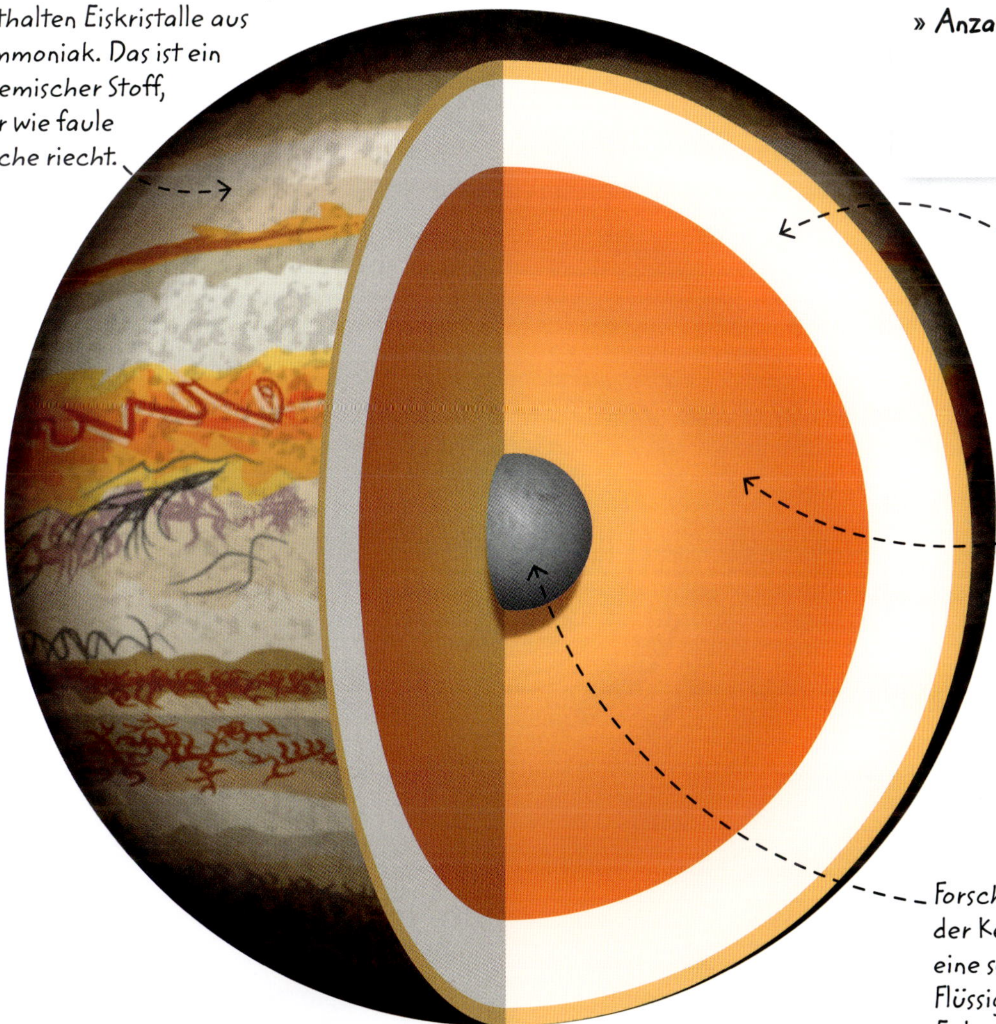

Unter den Wolken liegt eine flüssige Schicht aus Wasserstoff und Helium. Dies ist der größte Ozean im Sonnensystem.

Der flüssige Wasserstoff im Inneren wird vom Druck des darüber liegenden Ozeans so stark gepresst, dass er metallisch ist. Die Schicht enthält auch Helium.

Forscher glauben, dass der Kern fest oder auch eine sehr heiße, dicke Flüssigkeit sein könnte. Er besteht aus den gleichen Stoffen wie der Erdkern.

Raumsonde Galileo

Die Sonde startete 1989 und untersuchte acht Jahre lang die Atmosphäre des Jupiter und seine größten Monde.

Jupitermonde

Jupiter hat 79 bekannte Monde und darunter sind auch einige der größten im Sonnensystem. Die meisten Jupitermonde sind klein. Die vier größten heißen Ganymed, Europa, Kallisto und Io. Sie wurden im 17. Jahrhundert von dem italienischen Astronomen Galileo Galilei entdeckt und werden daher auch die Galileischen Monde genannt.

Europa hat Streifen und Spalten. Sie sind mit Mineralen gefüllt, die im Eis eingefroren sind.

Knapp die Hälfte der Oberfläche von Ganymed ist dunkel und rau. Diese Gebiete sind mit Kratern übersät.

Steckbrief

- **Entfernung von Jupiter:** 1 070 400 km
- **Umlaufzeit:** 7,2 Tage
- **Größe:** 5268 km Durchmesser

Ganymed

Ganymed ist nicht nur der größte Jupitermond, sondern auch der größte Mond im Sonnensystem. Er ist sogar größer als der Planet Merkur. Ganymed besteht aus Gestein und Wassereis.

Die helleren Bereiche der Oberfläche sind mit Spalten und Kämmen durchzogen. Es gibt dort nur wenige Krater.

Europa

Europa hat eine dünne Hülle aus Wassereis. Hier könnte es sich lohnen, nach Leben zu suchen, weil dicht unter der Oberfläche wohl Wasser und die richtige Mischung chemischer Stoffe für Leben vorhanden sind.

Steckbrief

- **Entfernung von Jupiter:** 670 900 km
- **Umlaufzeit:** 3,6 Tage
- **Größe:** 3120 km Durchmesser

Forscher glauben, dass unter der dünnen Eishülle vielleicht ein Ozean aus flüssigem Wasser oder matschigem Eis liegt.

Die hellen, weißen Flecken auf Kallisto sind vielleicht Gipfel von Kratern, die mit Wassereis bedeckt sind.

Steckbrief

- **Entfernung von Jupiter:** 1 882 700 km
- **Umlaufzeit:** 16,7 Tage
- **Größe:** 4820 km Durchmesser

Kallisto

Kallisto ist mit Gestein und Eis bedeckt und hat die älteste und mit den meisten Kratern übersäte Oberfläche aller Jupitermonde. Die meisten Krater entstanden vor vielen Milliarden Jahren durch Meteoriteneinschläge.

Bei zahllosen Vulkanausbrüchen wird Material weit in den Weltraum geschleudert.

Steckbrief

- **Entfernung von Jupiter:** 421 700 km
- **Umlaufzeit:** 1,8 Tage
- **Größe:** 3642 km Durchmesser

Io

Auf diesem Mond herrschen die stärksten vulkanischen Aktivitäten im Sonnensystem. Er hat Hunderte von Vulkanen und Seen aus geschmolzener Lava. Große Mengen des Elements Schwefel geben der Oberfläche die gelbe Farbe.

Saturn

Der sechste Planet ist für seine vielen Ringe bekannt. Er ist der zweitgrößte Planet im Sonnensystem und der am weitesten entfernte Planet, der von der Erde aus gerade noch ohne Teleskop sichtbar ist.

Saturn hat die meisten Monde im Sonnensystem.

Rasend schnelle Winde wehen in der Atmosphäre und erzeugen farbige Wolken. Sie entstehen durch die schnelle Rotation des Planeten.

Die Lücken zwischen den Ringen werden von Monden erzeugt, die um Saturn kreisen.

Saturn hat sieben Hauptringe, die aus kleinen Brocken aus Gestein und Eis bestehen.

Alphabetische Ringe

Die sieben Hauptringe werden in der Reihenfolge ihrer Entdeckung mit Buchstaben bezeichnet. Der „B"-Ring ist der hellste und breiteste: Er ist doppelt so breit wie die Erde. Mit einem Teleskop sind die Saturnringe gut sichtbar.

Falschfarbenbild der Saturnringe

Das Innere

Ebenso wie Jupiter besteht auch Saturn vor allem aus den Gasen Wasserstoff und Helium. Der kleine Kern ist von einem flüssigen Mantel umgeben. Über dem Mantel beginnt die Atmosphäre mit ihren schwach leuchtenden Wolkenbändern.

Steckbrief

- **Entfernung zur Sonne:** 1,4 Mrd. km
- **Tageslänge:** 10,7 Stunden
- **Länge eines Jahres:** 29 Erdenjahre
- **Oberflächentemperatur:** –138 °C
- **Anzahl der Monde:** 82

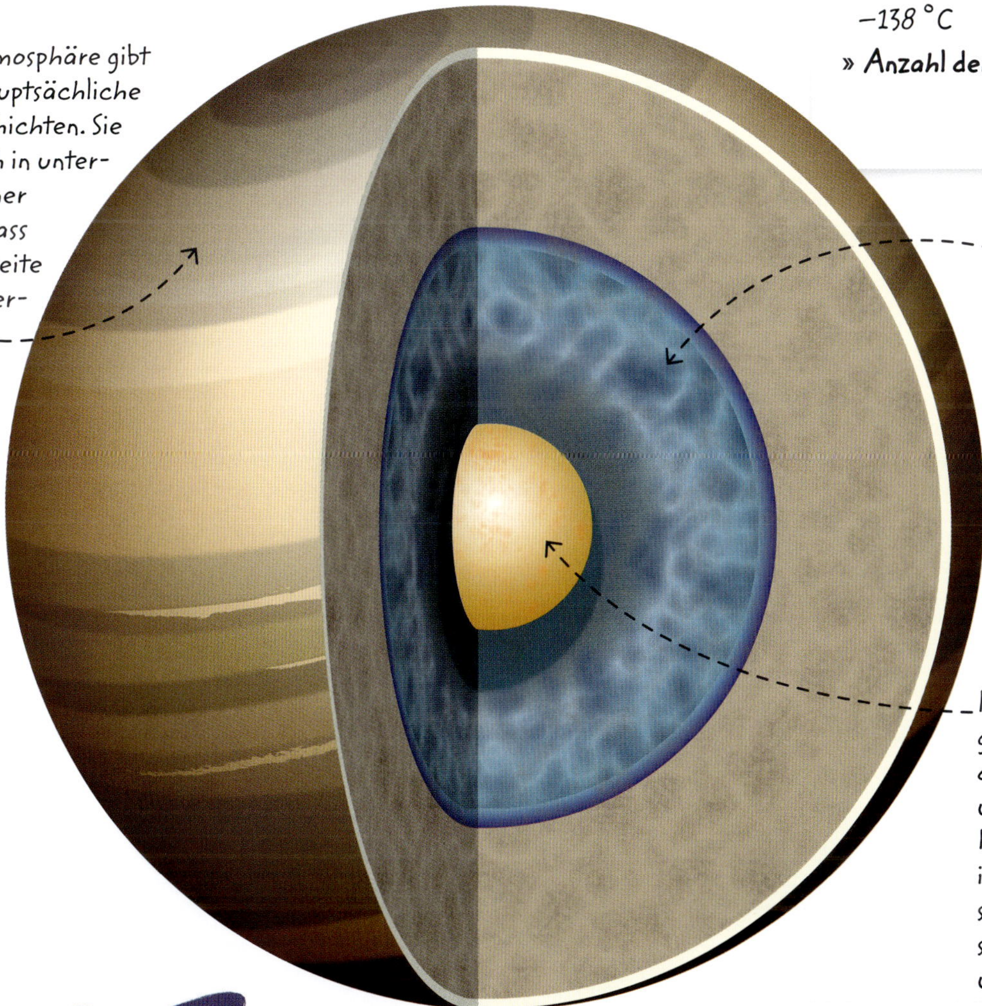

In der Atmosphäre gibt es drei hauptsächliche Wolkenschichten. Sie bilden sich in unterschiedlicher Höhe, sodass sie über weite Gebiete verteilt sind.

Den Kern umgibt eine dicke, flüssige Schicht aus Wasserstoff.

Forscher glauben, dass der Kern klein und fest ist. Die Metalle im Zentrum sind von Gesteinsmaterial umgeben.

Saturn hat die geringste Dichte aller Planeten im Sonnensystem. Er würde als Einziger in Wasser schwimmen!

Polarsturm

Um Saturns Nordpol liegt ein sechseckiges Wolkenmuster mit einem großen Sturm im Zentrum. Es wurde 1980 von der Raumsonde *Voyager 1* entdeckt. Alle Seiten des Sechsecks sind länger als der Durchmesser der Erde.

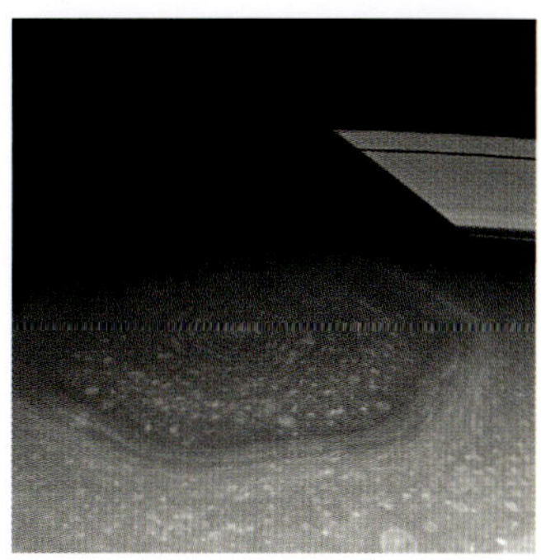

Das Sechseckmuster in den Wolken auf Saturn

Saturnmonde

Saturn hat 82 bekannte Monde, mehr als jeder andere Planet. Ihre Größe reicht von kleinen Brocken bis zu Objekten, die größer als Merkur sind. Einige haben ungewöhnliche Formen – Atlas ist eine flache Scheibe und Pan sieht ein wenig aus wie eine fliegende Untertasse!

Turgis ist der zweitgrößte Krater auf Iapetus. Seine Hänge sind steil.

Steckbrief

- » **Entfernung von Saturn:** 3 561 000 km
- » **Umlaufzeit:** 79,3 Tage
- » **Größe:** 1471 km Durchmesser

Iapetus

Der drittgrößte Mond des Saturn wurde 1671 von dem italienischen Astronomen Giovanni Cassini entdeckt. Die Gebirgskette am Äquator (Mitte) ist 10 km hoch. Iapetus besteht vor allem aus Wassereis und verschiedenen Gesteinen.

Die Oberfläche von Enceladus ist weiß, aber auf dieser Infrarot-Aufnahme wirkt sie blau.

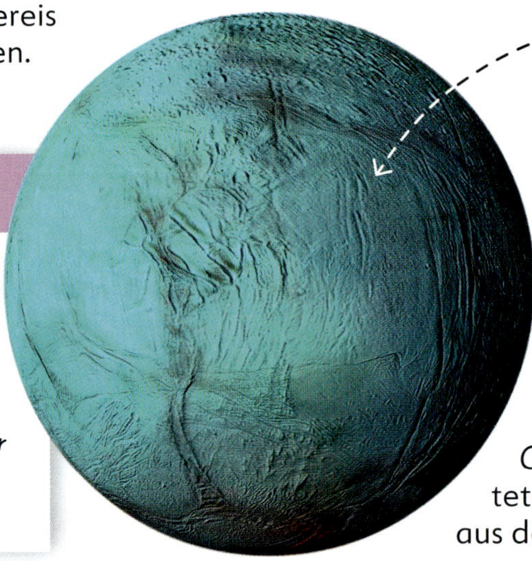

Steckbrief

- » **Entfernung von Saturn:** 237 948 km
- » **Umlaufzeit:** 1,4 Tage
- » **Größe:** 504 km Durchmesser

Enceladus

Enceladus ist ein Eismond. Unter einer dünnen Eishülle vermuten Forscher einen flüssigen Ozean. Die Raumsonde *Cassini* der NASA beobachtete, dass am Südpol Wasser aus dem Ozean herausschoss.

Hyperion

Hyperion ist der größte unregelmäßig geformte Mond des Saturn. Forscher glauben, dass er aus den Resten eines größeren Monds entstand, der bei einer Kollision zerstört wurde. Die Oberfläche weist tiefe Krater auf, sodass er einem Schwamm ähnelt.

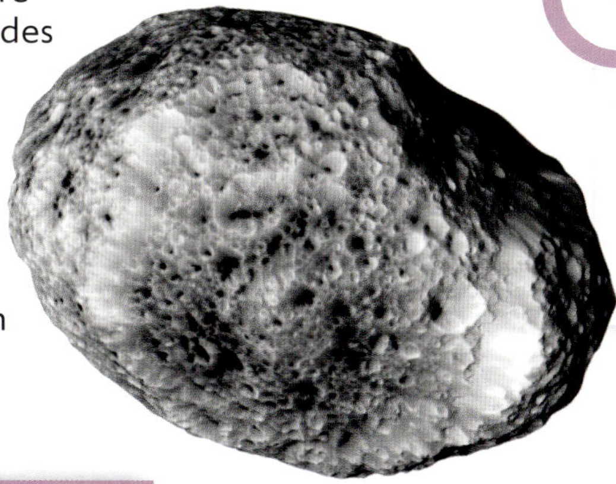

Steckbrief

- » **Entfernung von Saturn:** 1 481 009 km
- » **Umlaufzeit:** 21,3 Tage
- » **Größe:** 270 km lang

Steckbrief

- » **Entfernung von Saturn:** 1 221 870 km
- » **Umlaufzeit:** 16 Tage
- » **Größe:** 5150 km Durchmesser

Titan

Titan ist der größte Mond des Saturn, der zweitgrößte im Sonnensystem und der einzige Mond mit einer dichten Atmosphäre. Sie schimmert orangefarben.

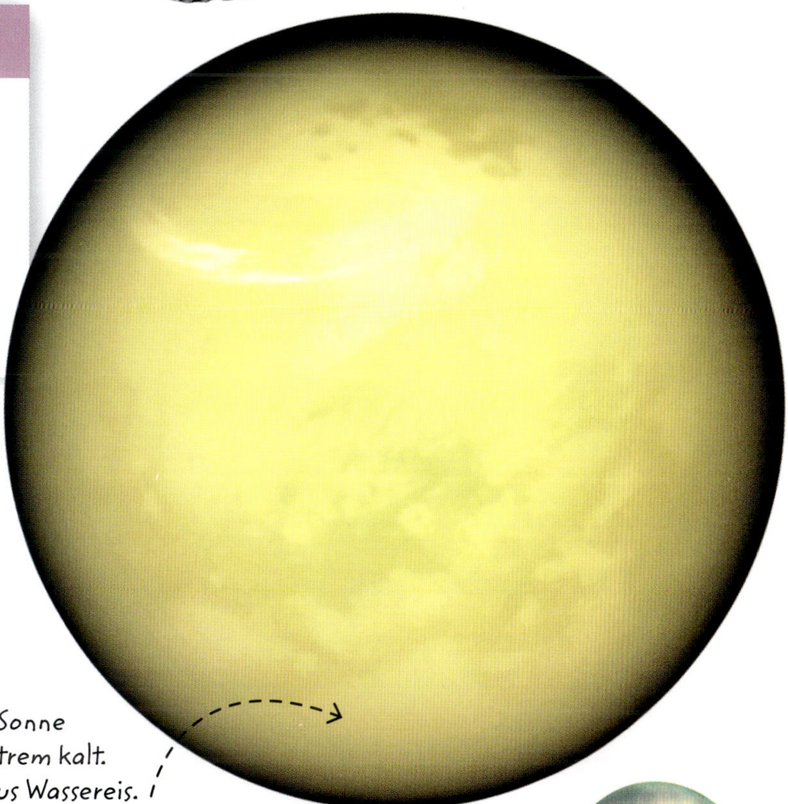

Da Titan so weit von der Sonne entfernt ist, ist es dort extrem kalt. Die Oberfläche besteht aus Wassereis.

Abgesehen von der Erde ist Titan der einzige Ort im Sonnensystem, auf dem flüssige Gebiete wie Meere, Seen und Flüsse an der Oberfläche entdeckt wurden.

Schäfermonde

Einige Saturnmonde wie Pan kreisen zwischen den Ringen um den Planeten. Da sie die Brocken des Rings „hüten", aus ihrem Weg vertreiben und sie in den Ringen festhalten, nennt man sie die „Schäfermonde".

Pan zwischen den Saturnringen

Uranus

Uranus ist der siebte und gleichzeitig der drittgrößte Planet im Sonnensystem. Er ist als Einziger zur Seite gekippt, sodass er sich sozusagen „liegend“ um die Sonne bewegt.

Die Pole sind abwechselnd zur Sonne geneigt, sodass die Jahreszeiten sehr lang sind: Sommer und Winter dauern an den Polen je 21 Jahre!

Das Methangas in der Atmosphäre absorbiert das rote Licht von der Sonne. Daher hat der Planet die blau-grüne Farbe.

Die Wolken auf Uranus enthalten Wasserstoffsulfid. Dieses Gas ist für den Gestank von faulen Eiern verantwortlich.

Uranus hat 13 Ringe. Die äußeren Ringe leuchten in hellen Farben, die schmaleren, inneren Ringe sind dagegen dunkler.

Entdeckung

Uranus war der erste Planet, der mit einem Teleskop entdeckt wurde. Wilhelm Herschel entdeckte ihn im Jahr 1781 von seinem Garten in Bath (Großbritannien) aus. Er hielt ihn aber zunächst für einen Kometen oder Stern.

Wilhelm Herschel

Das Innere

Uranus ist einer der kältesten Planeten im Sonnensystem – ein sogenannter Eisriese. Eisriesen bestehen aus einer Mischung aus gefrorenen Bestandteilen und Gasen. Uranus ist berühmt für seine blaugrüne Farbe.

Steckbrief

- **Entfernung zur Sonne:** 2,9 Mrd. km
- **Tageslänge:** 17 Stunden
- **Länge eines Jahres:** 84 Erdenjahre
- **Oberflächentemperatur:** −195 °C
- **Anzahl der Monde:** 27

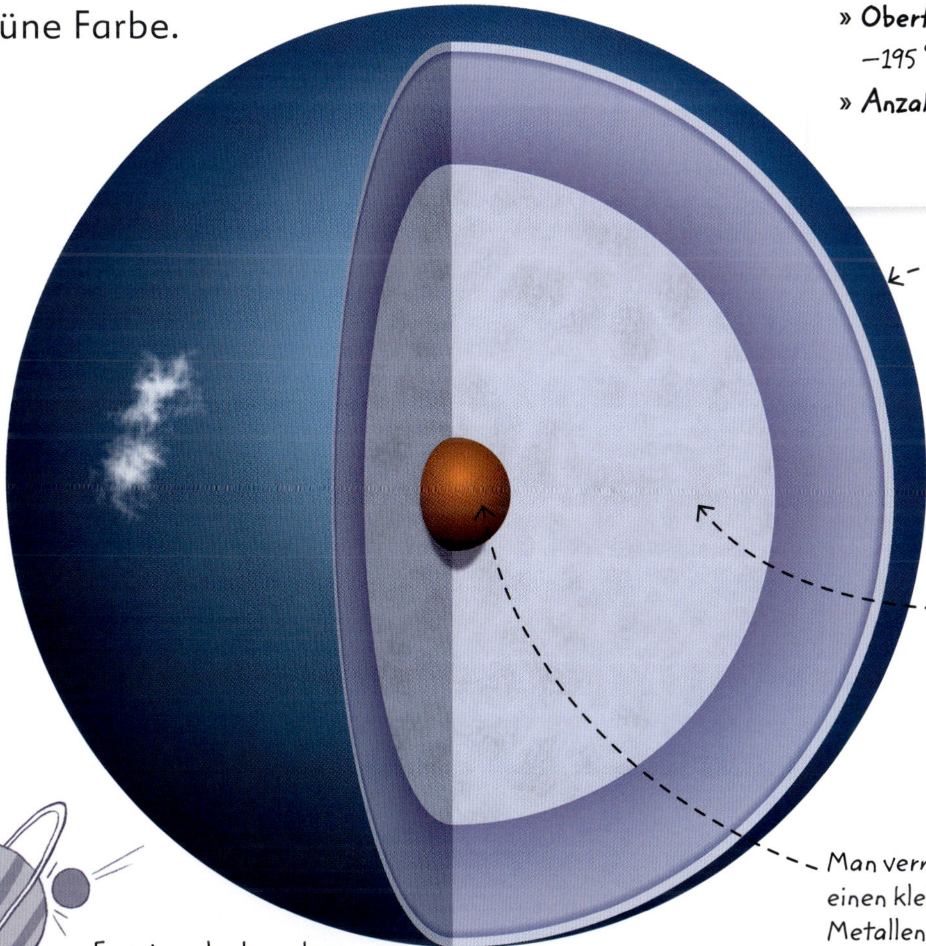

Forscher glauben, dass Uranus auf die Seite kippte, als er während seiner Entstehung mit einem großen Objekt kollidierte!

Auffälliger Mond

Miranda ist einer der 27 Monde des Uranus. Er wurde 1948 von Gerard Kuiper entdeckt. Die Oberfläche weist auffällige Merkmale auf, darunter hohe Klippen und Täler, die tiefer sind als der Grand Canyon (USA)!

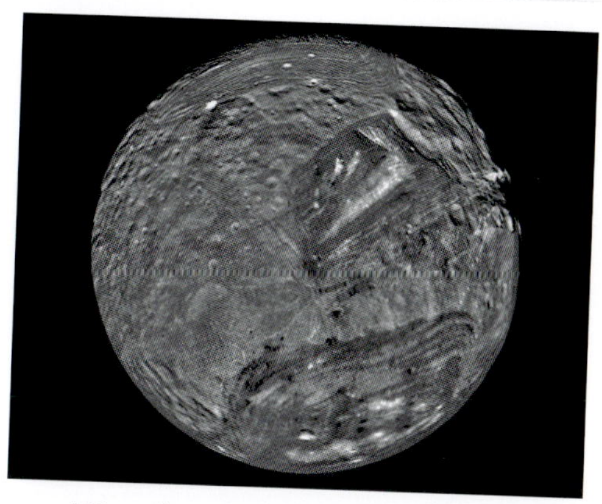

Mirandas zerklüftete Oberfläche

Neptun

Neptun ist der Planet, der am weitesten von der Sonne entfernt ist – etwa 30-mal weiter als die Erde. Dort ist es sehr dunkel, eiskalt und stürmisch. Neptun ist nach dem römischen Meeresgott benannt.

KÄLTESTER PLANET IM SONNENSYSTEM

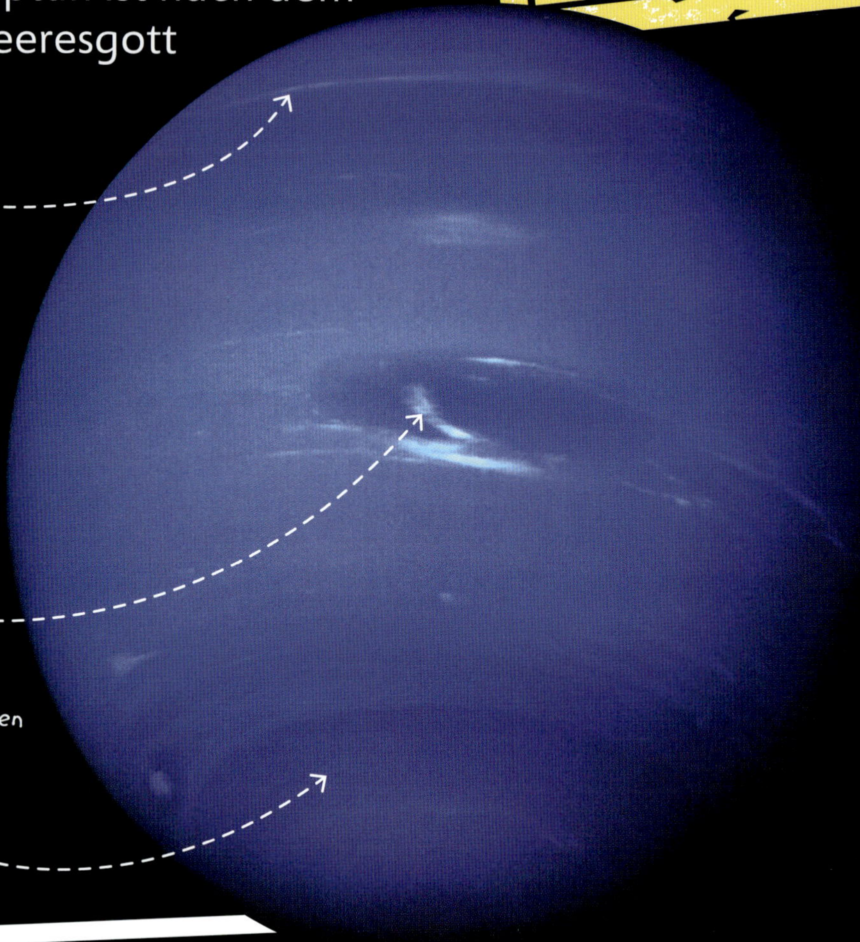

Rasende Winde in der Atmosphäre erzeugen Bänder aus Eiswolken.

Auf Neptun treten viele Stürme auf. Voyager 2 bemerkte 1989 einen Riesensturm, der als „Großer Dunkler Fleck“ bezeichnet wurde.

Auf Neptun herrschen mit rund 2000 km/h die höchsten Windgeschwindigkeiten im Sonnensystem.

Voyager 2 besuchte Neptun im Jahr 1989.

Einsamer Besucher

Voyager 2 ist bisher die einzige Sonde, die Neptun besuchte. Sie flog in nur 4951 km Abstand an ihm vorbei, bevor sie das Sonnensystem verließ. *Voyager 2* untersuchte Neptuns Atmosphäre sowie seine Monde Triton und Nereid.

Das Innere

Neptun ist ein Eisriese und der kleinste der vier großen Gasplaneten. Wie die anderen besteht er vor allem aus Wasserstoff und Helium. Ähnlich wie Uranus hat Neptun einen kleinen Kern, der von einem gefrorenen Mantel und einer Atmosphäre umgeben ist.

Steckbrief

- **Entfernung zur Sonne:** 4,5 Mrd. km
- **Tageslänge:** 16 Stunden
- **Länge eines Jahres:** 165 Erdenjahre
- **Oberflächentemperatur:** −201 °C
- **Anzahl der Monde:** 14

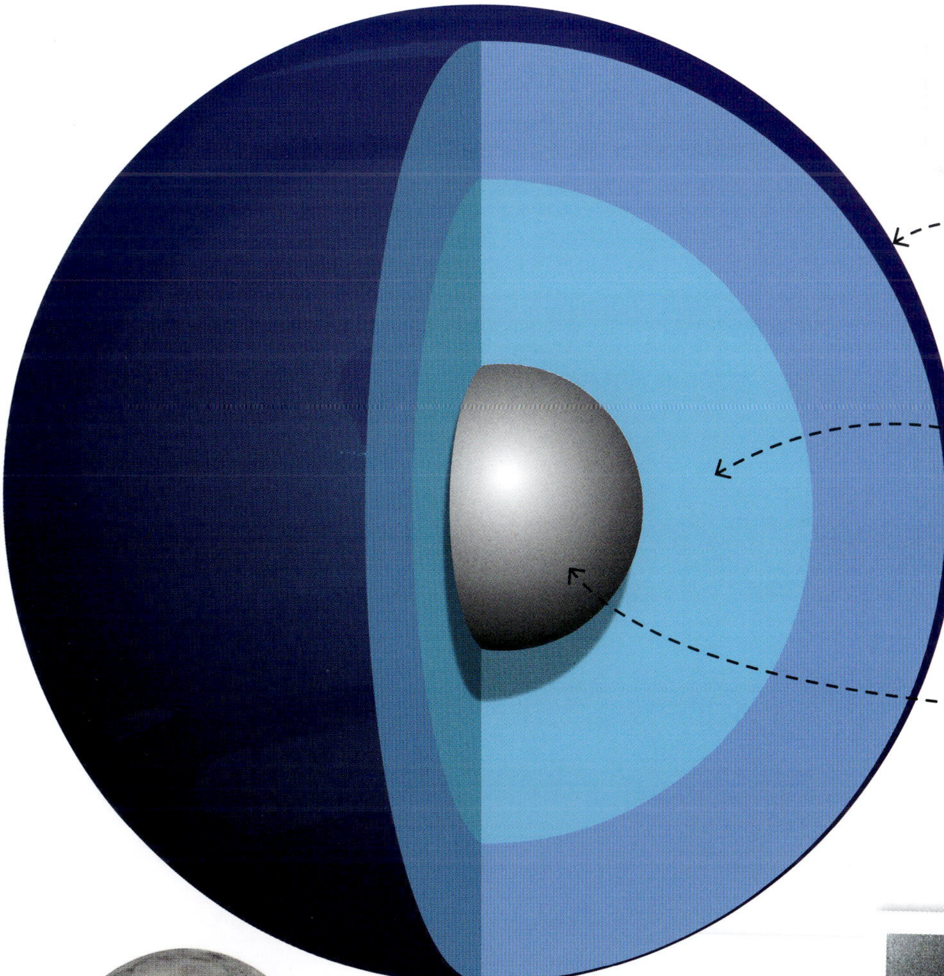

riton ist der größte Mond des Nepun. Die Oberfläche ist eben und er at eine sehr dünne Atmosphäre.

Schwache Ringe

Neptun hat fünf Hauptringe, die so schwach leuchten, dass sie erst 1989 auf einem Foto von *Voyager 2* bestätigt wurden. Sie bestehen wohl aus Eis und Staub und werden hier von hinten vom Sonnenlicht erleuchtet.

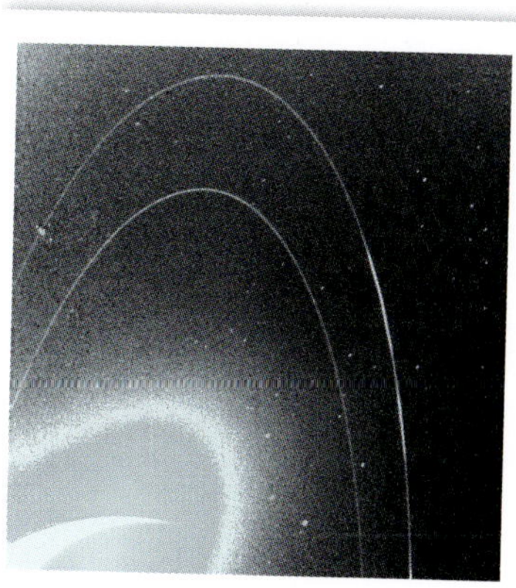

Neptuns Ringe aus der Sicht von Voyager 2

Pluto

Pluto ist ein Zwergplanet im äußeren Sonnensystem, jenseits des Neptun. Zwergplaneten sind kleiner als Planeten und teilen daher ihre Umlaufbahn mit anderen Objekten aus Staub und Eis. Da Pluto so weit von der Sonne entfernt ist, ist es dort eiskalt.

Steckbrief

- **Entfernung zur Sonne:** 4,4–7,4 Mrd. km
- **Umlaufzeit:** 248 Jahre
- **Anzahl der Monde:** 5
- **Position:** Kuipergürtel

Der größte Teil der Oberfläche ist mit Kratern, Eisbergen und tiefen Tälern bedeckt.

Pluto hat eine sehr dünne Atmosphäre aus den Gasen Stickstoff, Methan und Kohlenmonoxid.

Dieses herzförmige Gebiet ohne Krater heißt Tombaugh Regio. Die glatten Ebenen bestehen aus riesigen Flüssen aus Stickstoffeis.

Die Monde

Der größte Mond namens Charon ist eine Kugel und halb so groß wie Pluto selbst. Die übrigen Monde sind viel kleiner und unregelmäßig geformt. Alle fünf entstanden wohl bei einer Kollision Plutos mit einem anderen Objekt.

Plutos Monde

Ceres

Ceres ist der größte Asteroid im Sonnensystem und gehört auch zur Klasse der Zwergplaneten. Er kreist im Asteroidengürtel zwischen Mars und Jupiter um die Sonne. Er besteht aus Gestein und Eis und enthält ein Viertel der gesamten Masse im Asteroidengürtel.

Steckbrief

- **Entfernung zur Sonne:** 414 Mio. km
- **Umlaufzeit:** 4,6 Jahre
- **Anzahl der Monde:** 0
- **Position:** Asteroidengürtel

Die NASA-Sonde Dawn entdeckte helle Flecken auf Ceres, die hier farbverstärkt dargestellt sind. An diesen Orten sammelte sich Salz, das unter der Oberfläche lag.

Die Krater auf Ceres sind klein und jung. Ältere Krater wurden wohl von Eis ausgefüllt, das bei Vulkanausbrüchen ausgeworfen wurde.

Ceres hat eine sehr dünne Atmosphäre. Forscher entdeckten Wasserdampf, der vielleicht von Wassereis auf der Oberfläche stammt.

Der höchste Berg heißt Ahuna Mons und ist 5 km hoch.

GRÖSSTES OBJEKT IM ASTEROIDENGÜRTEL

Der Zwergplanet Makemake wurde 2005 im Kuipergürtel entdeckt.

Entdeckung

Bei seiner Entdeckung hielt man Ceres für einen Planeten. Als man aber noch weitere Objekte im Asteroidengürtel fand, wurde er 1850 mit ihnen zu den Asteroiden gezählt. 2006 stufte man ihn als Zwergplanet ein.

Der Astronom Giuseppe Piazzi (Italien) entdeckte Ceres 1801.

Gesteinsbrocken

Neben Planeten, Monden und der Sonne gibt es noch viele kleinere Objekte im Sonnensystem. Zu diesen Brocken aus Gestein, Eis und Metall gehören die Asteroiden, Meteoroiden und Kometen. Die Forscher halten sie für Überreste, die bei der Entstehung der Planeten zurückblieben.

Oortsche Wolke

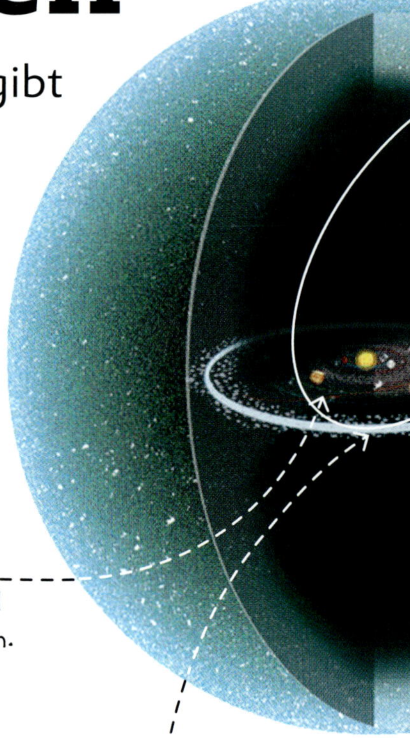

Nähert sich ein Komet der Sonne, wird er wärmer. Es lösen sich Gase und Staub, die das Sonnenlicht reflektieren.

Der Kuipergürtel ist eine Region hinter der Neptunbahn mit vielen eisigen Objekten, darunter auch Kometen und der Zwergplanet Pluto.

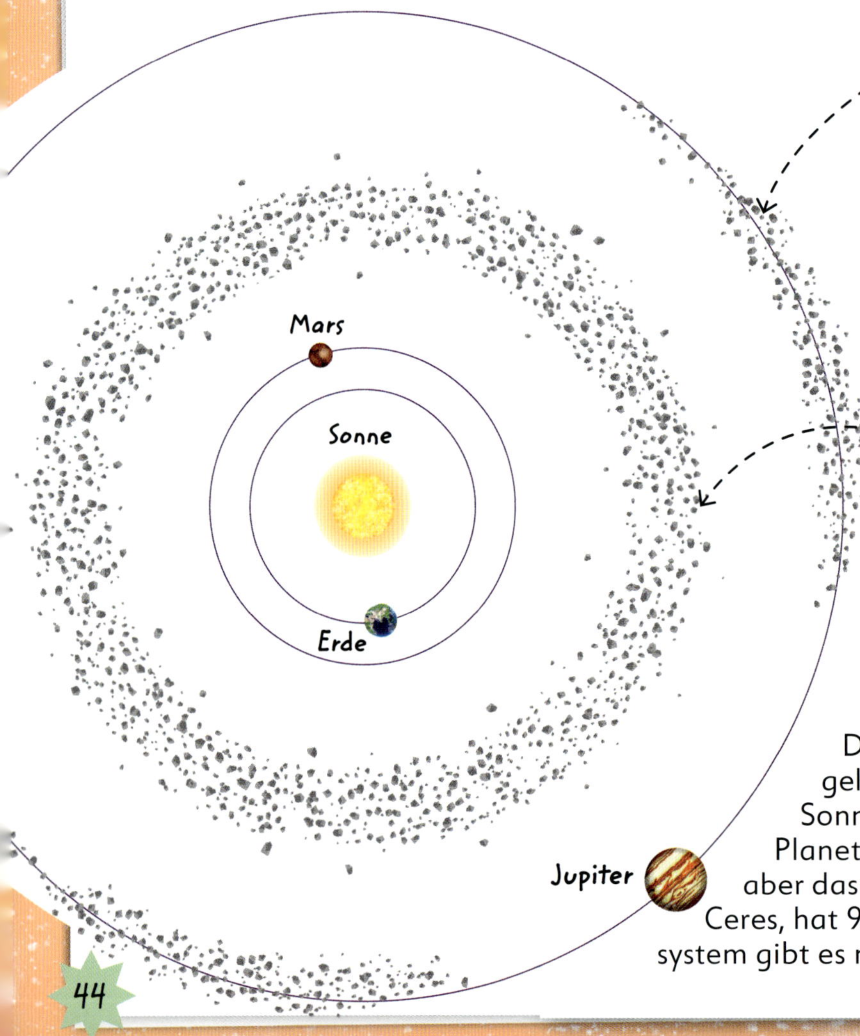

Trojaner sind Asteroiden, die auf der Umlaufbahn eines Planeten um die Sonne kreisen. Jupiter hat viele Trojaner in zwei Gruppen.

Asteroiden umkreisen die Sonne. Die meisten liegen im Asteroidengürtel, einem breiten Band zwischen Mars und Jupiter.

Asteroiden

Die meisten Asteroiden sind unregelmäßig geformte Brocken, die die Sonne umkreisen. Sie sind kleiner als Planeten, oft sogar nur kieselsteingroß, aber das größte Objekt im Asteroidengürtel, Ceres, hat 930 km Durchmesser. Im Sonnensystem gibt es mehr als eine Million Asteroiden.

Kometen

Kometen sind große Brocken aus Eis, Staub und Gestein, die um die Sonne kreisen. Manche sind so groß wie eine Kleinstadt. Bisher entdeckten die Forscher 3709 Kometen.

In der kugelförmigen Oortschen Wolke, die unser Sonnensystem umschließt, sammeln sich lauter Kometen und andere Objekte aus Eis. Sie bildet den äußersten Bereich des Sonnensystems.

Die meisten Kometen kreisen in der Oortschen Wolke. Ihre Umlaufbahnen sind sehr lang gezogene Ovale.

Halleyscher Komet

Der Kern eines Kometen besteht aus Eis und Staub. In der Nähe der Sonne bildet der Staub eine ausgedehnte Wolke, die Koma genannt wird.

Der Sonnenwind bläst Staub vom Kometen weg und erzeugt einen Staubschweif.

Beim Erwärmen verwandelt sich das Eis in Gas und erzeugt auch einen Gasschweif.

Meteoroiden und Meteoriten

Wenn ein Asteroid oder Meteoroid in die Erdatmosphäre eintritt, schmilzt seine Oberfläche. Dadurch entsteht ein Lichtstreifen, den wir Meteor oder Sternschnuppe nennen. Manchmal bleibt ein Teil des Steinbrockens übrig und fällt zu Boden. Diesen nennen wir dann einen Meteoriten.

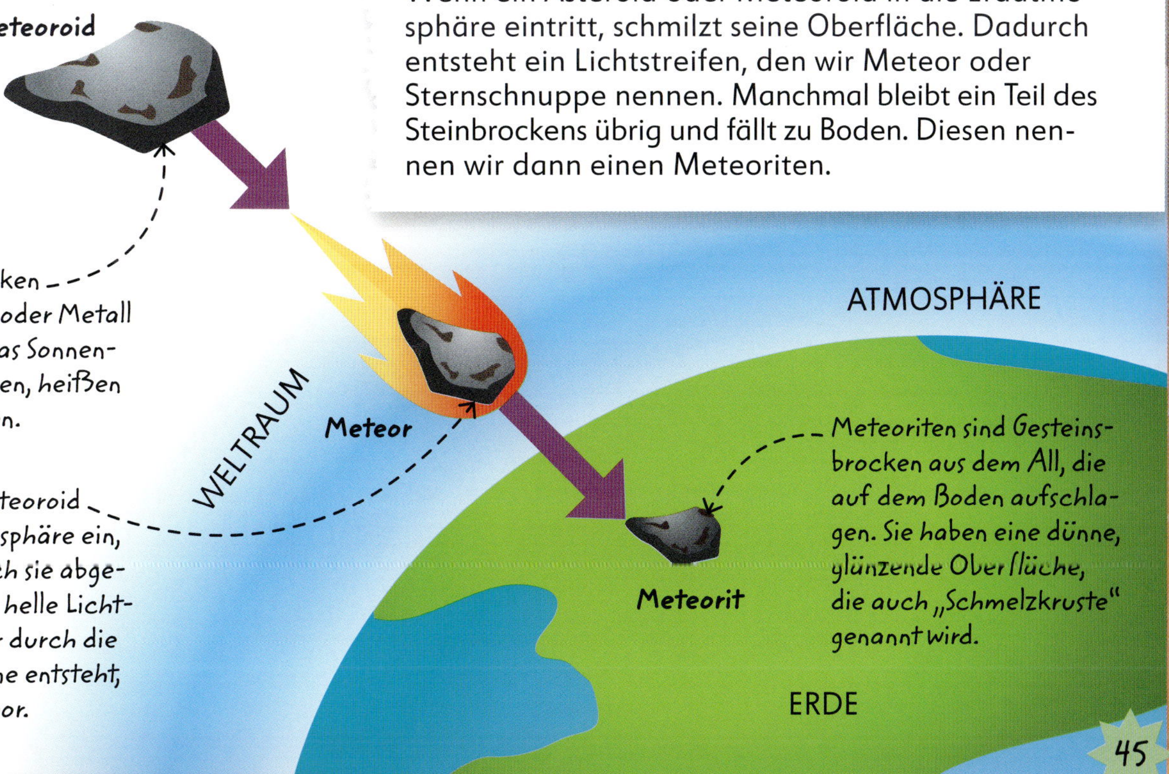

Kleine Brocken aus Gestein oder Metall, die durch das Sonnensystem fliegen, heißen Meteoroiden.

Tritt ein Meteoroid in die Atmosphäre ein, wird er durch sie abgebremst. Der helle Lichtstreifen, der durch die Bremswärme entsteht, heißt Meteor.

Meteoriten sind Gesteinsbrocken aus dem All, die auf dem Boden aufschlagen. Sie haben eine dünne, glänzende Oberfläche, die auch „Schmelzkruste" genannt wird.

Vesta

Vesta ist nach Ceres das zweitgrößte Objekt im Asteroidengürtel. Anders als andere Asteroiden ist Vesta groß genug, um eine Kruste, einen Mantel und einen Kern zu haben. Zwei große Einschlagkrater heißen Rheasilvia und Veneneia.

Steckbrief

- **Entfernung zur Sonne:** 359 Mio. km
- **Umlaufzeit:** 3,6 Jahre
- **Größe:** 531 km Durchmesser
- **Entdeckt:** 1807

HELLSTER ASTEROID AM NACHTHIMMEL

Die Oberfläche ist mit dunklem Material bedeckt, das wohl von Kollisionen mit anderen Asteroiden stammt.

Vestas größter Krater, Rheasilvia, ist fast so breit wie der gesamte Asteroid, nämlich 500 km. Er bedeckt 95 Prozent der Oberfläche von Vesta.

Entlang des Äquators des Asteroiden ziehen sich schmale Gräben.

Orbiter-Sonde

Die Sonde *Dawn* erreichte Vesta im Jahr 2011 und umkreiste somit erstmals einen Asteroiden. Später erforschte sie auch Ceres. Ihr Flug zum Zwergplaneten dauerte zweieinhalb Jahre.

Die NASA-Raumsonde Dawn

Die Mission Dawn bestätigte, dass diese auf der Erde gefundenen Meteoriten von Vesta stammen.

Komet 67P/C-G

Der Komet 67P/Tschurjumow-Gerassimenko kreist zwischen Jupiter und Erde um die Sonne. Früher dachte man, er befände sich im Kuipergürtel am Rand des Sonnensystems. Er ist der erste Komet, der von einer Raumsonde umkreist wurde, die dann sogar landete.

Steckbrief

» **Entfernung zur Sonne:** 186–850 Mio. km
» **Umlaufzeit:** 6,4 Jahre
» **Größe:** 4 km lang
» **Entdeckt:** 1969

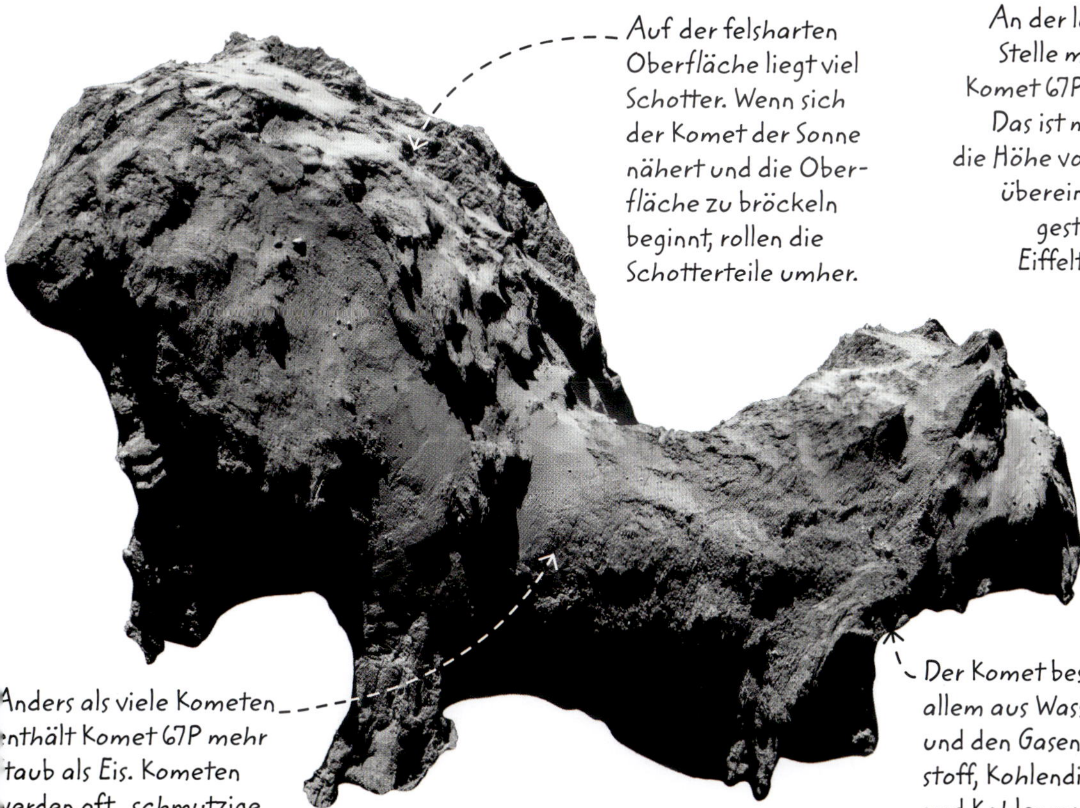

Auf der felsharten Oberfläche liegt viel Schotter. Wenn sich der Komet der Sonne nähert und die Oberfläche zu bröckeln beginnt, rollen die Schotterteile umher.

Anders als viele Kometen enthält Komet 67P mehr Staub als Eis. Kometen werden oft „schmutzige Schneebälle“ genannt.

Der Komet besteht vor allem aus Wassereis und den Gasen Sauerstoff, Kohlendioxid und Kohlenmonoxid.

An der längsten Stelle misst der Komet 67P 4,1 km. Das ist mehr als die Höhe von zwölf übereinandergestapelten Eiffeltürmen.

Kometenlandung

Nach zehn Jahren Flug erreichte die Sonde *Rosetta* 2014 den Kometen 67P. Sie setzte die waschmaschinengroße Landesonde *Philae* auf der Oberfläche ab. *Philae* führte zwei Tage lang Experimente durch und schickte die gesammelten Informationen zur Erde.

Die Sonde Philae auf Komet 67P

TRAPPIST-1e

TRAPPIST-1e ist ein Exoplanet. Er umkreist einen kleinen, schwach leuchtenden, roten Stern, der viel kühler ist als die Sonne. Exoplaneten sind Planeten außerhalb unseres Sonnensystems. Die meisten von ihnen umkreisen einen Stern.

Steckbrief

- **Entfernung zur Erde:** 39,5 Lichtjahre
- **Länge eines Jahres:** 6,1 Erdtage
- **Größe:** 11 595 km Durchmesser
- **Entdeckt:** 2017

TRAPPIST-1e ist ein erdähnlicher Exoplanet, das heißt Größe, Temperatur und Schwerkraft sind ähnlich wie hier auf der Erde.

Wegen der ähnlichen Größe besteht der Planet wahrscheinlich aus Gestein oder Eisen und er hat entweder eine feste oder flüssige Oberfläche.

Forscher glauben, dass es aufgrund der erdähnlichen Temperaturen flüssiges Wasser auf der Oberfläche geben könnte.

Die habitable Zone

Anhand der Entfernung eines Planeten zu seinem Stern und der Wärme des Sterns können Forscher ausrechnen, wie warm es dort ist. Flüssiges Wasser gibt es zwischen 0 °C und 100 °C. Liegt die Temperatur eines Planeten in diesem Bereich, ist er in der bewohnbaren oder „habitablen" Zone: Es ist dort weder zu heiß noch zu kalt, sondern genau richtig. Im System TRAPPIST-1 liegen drei Planeten in dieser habitablen Zone.

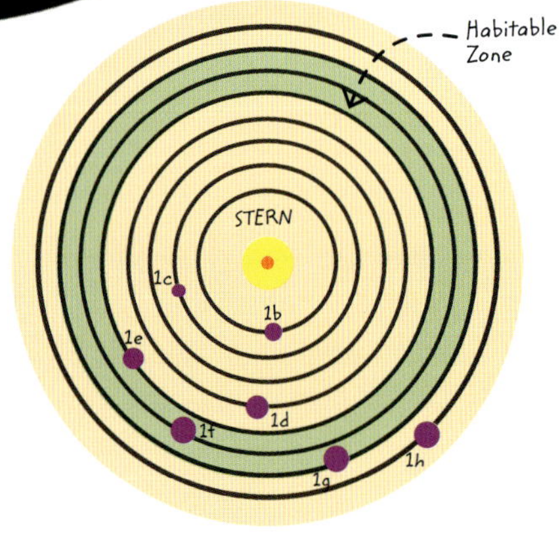

TRAPPIST-1-System

51 Pegasi b

51 Pegasi b war der erste Exoplanet eines sonnenähnlichen Sterns. Er ist riesig und kreist sehr nahe um seinen Stern. Solche Planeten werden auch „heiße Jupiter" genannt. Die Oberflächentemperatur ist etwa 1000 °C.

Steckbrief

- **Entfernung zur Erde:** 50 Lichtjahre
- **Länge eines Jahres:** 4,2 Erdtage
- **Größe:** 271 660 km Durchmesser
- **Entdeckt:** 1995

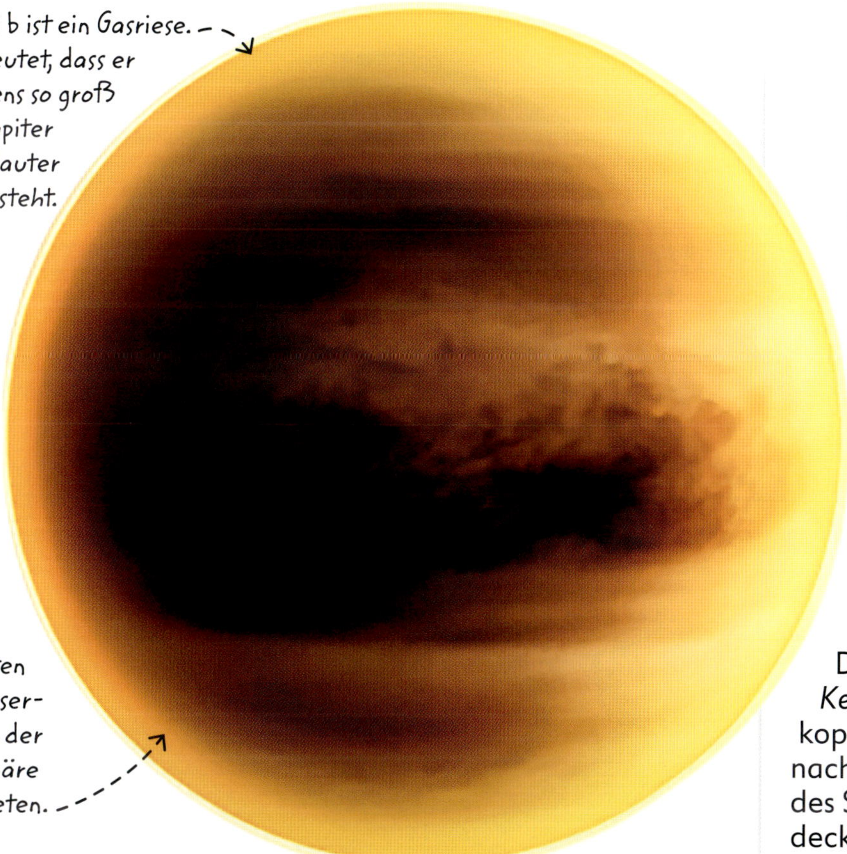

51 Pegasi b ist ein Gasriese. Das bedeutet, dass er mindestens so groß ist wie Jupiter und aus lauter Gasen besteht.

Forscher entdeckten 2017 Wasserdampf in der Atmosphäre des Planeten.

Suche nach Exoplaneten

Das 2009 gestartete *Kepler*-Weltraumteleskop suchte neun Jahre lang nach Planeten außerhalb des Sonnensystems. Es entdeckte 2662 Planeten, von denen manche sogar auch die richtigen Bedingungen für Leben haben!

Exoplaneten werden bisher meist in Gasriesen (wie Jupiter), erdähnliche Gesteinsplaneten, Super-Erden (sehr große Gesteinsplaneten) und Gas- oder Eisplaneten (ähnlich wie Neptun) eingeteilt.

Merkur ist im Sonnensystem der Sonne am nächsten, aber 51 Pegasi b liegt noch achtmal näher bei seinem Stern.

Die Milchstraße

Unser Sonnensystem liegt in einer Galaxie, einer riesigen Ansammlung von Sternen, Planetensystemen, Gas und Staub. Sie heißt Milchstraße und ist spiralförmig mit gebogenen Armen. Die Sterne wandern auf ihrer Bahn um das Zentrum der Milchstraße von einem Arm zum anderen.

Die Sonne wandert in 230 Mio. Jahren einmal um die Milchstraße.

Unser Sonnensystem liegt im Orion-Arm, etwa auf einem Drittel des Wegs vom Zentrum nach außen. Die meisten Sterne, die wir am Nachthimmel sehen, sind ebenfalls in diesem Arm.

Der Perseus-Arm ist auch ein Hauptarm der Milchstraße. Er liegt dem Orion-Arm am nächsten, in dem sich unsere Sonne befindet.

Die Milchstraße beobachten

Die Milchstraße ist an jedem Ort der Erde sichtbar. Sie erscheint als ein Streifen aus dicht zusammenliegenden Sternen, der den Himmel in zwei Hälften teilt. Da die Sterne aber nur schwach leuchten, sieht man sie am besten, wenn kein Mond scheint und kein künstliches Licht leuchtet.

Auf der Südhalbkugel der Erde ist der Anblick der Milchstraße wesentlich spektakulärer als im Norden. Dies ist das La-Silla-Observatorium in Chile.

Im Zentrum unserer Galaxie drängen sich alte Sterne und riesige Staubwolken. Der weiße Bereich in dieser Infrarot- und Röntgenaufnahme ist das galaktische Zentrum der Milchstraße.

Galaxien

Galaxien sind riesige Ansammlungen von Sternen, Gas und Staub, zusammengehalten durch die Schwerkraft. Viele Galaxien enthalten mehr als 100 Milliarden Sterne. Es gibt vier Formen: spiralförmig, elliptisch, linsenförmig und irregulär (unregelmäßig).

Forscher glauben, dass es mehr als 100 Milliarden Galaxien gibt.

Steckbrief

- » **Galaxietyp:** Spiralgalaxie
- » **Entfernung zur Erde:** 21 Mio. Lichtjahre
- » **Größe:** 170 000 Lichtjahre Durchmesser
- » **Sternbild:** Großer Bär

Feuerrad-Galaxie

Diese Spiralgalaxie, die auch als M101 bekannt ist, enthält mehr als eine Billion Sterne. Sie ist fast doppelt so groß wie unsere Galaxie, die Milchstraße.

Die Spiralgalaxie Andromeda ist die nächstgelegene große Galaxie. Sie bewegt sich auf die Milchstraße zu. In etwa vier Milliarden Jahren werden sie einander durchdringen.

Spiralarme sind Regionen mit vielen neugeborenen Sternen. Sie winden sich aus dem Zentrum hervor.

NGC 5866

Sie wird auch M102 oder Spindelgalaxie genannt und ist eine linsenförmige Galaxie. Sie hat einen zentralen Wulst, aber keine Spiralarme. In Linsengalaxien bilden sich nur wenige neue Sterne.

Steckbrief

- **Galaxietyp:** Linsenförmig
- **Entfernung zur Erde:** 44 Mio. Lichtjahre
- **Größe:** 60 000 Lichtjahre Durchmesser
- **Sternbild:** Drache

Von der Erde aus sehen wir die helle Scheibe von NGC 5866 von der Seite aus.

M87

Elliptische Galaxien sehen meist aus wie eine Kugel oder ein Ei. M87 umfasst mehrere Billionen Sterne und hat ein riesiges Schwarzes Loch im Zentrum. Sie ist in unserer Region des Universums die größte Galaxie.

Steckbrief

- **Galaxietyp:** Elliptisch
- **Entfernung zur Erde:** 54 Mio. Lichtjahre
- **Größe:** 120 000 Lichtjahre Durchmesser
- **Sternbild:** Jungfrau

Ein riesiges Schwarzes Loch im Zentrum von M87 stößt einen Material-Jet aus dem Kern der Galaxie aus.

Kleine Magellansche Wolke

Dies ist eine der zwei irregulären (unregelmäßigen) Zwerggalaxien, die um die Milchstraße kreisen. Die Kleine und Große Magellansche Wolke enthalten jeweils nur einige Hundertmillionen Sterne.

Steckbrief

- **Galaxietyp:** Irregulär
- **Entfernung zur Erde:** 200 000 Lichtjahre
- **Größe:** 7000 Lichtjahre Durchmesser
- **Sternbilder:** Tukan und Kleine Wasserschlange

Irreguläre Galaxien enthalten viel Gas und Staub und haben keine bestimmte Form.

Leben eines Sterns

Ebenso wie wir Menschen werden Sterne geboren und sterben. Sterne bestehen vor allem aus den zwei Gasen Wasserstoff und Helium, die sie verbrennen, um Wärme und Licht zu erzeugen. Die Masse eines Sterns ist die Menge an Stoffen, die er enthält. Sterne mit geringer Masse werden viele Milliarden Jahre alt. Sterne mit großer Masse leben im Vergleich dazu nur kurz.

Geringe Masse

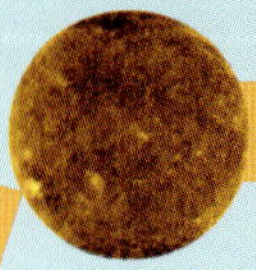

Gelber Stern

Den Großteil seines Lebens verbringt ein Stern in der Hauptreihenphase, das heißt, er ist stabil und verbrennt den Wasserstoff in seinem Kern. Unsere Sonne ist in der „Gelben Hauptreihenphase".

Große Masse

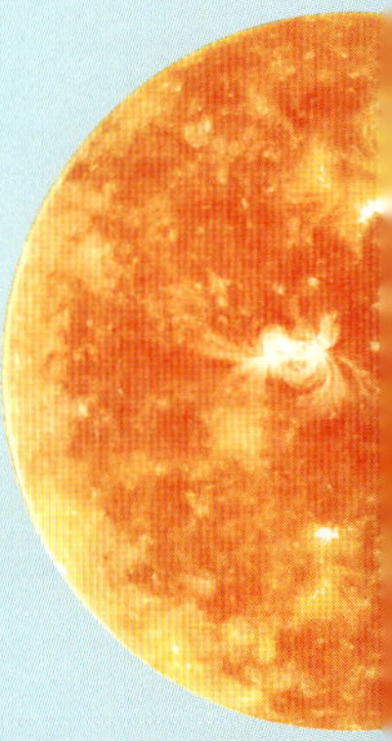

Nebel

Ein Nebel ist eine Wolke aus Gas und Staub, in der Sterne geboren werden. Die Schwerkraft zieht Gas und Staub zusammen, sodass sie sich zusammenlagern, bis sie Wärme entwickeln und zu Sternen werden.

Blauer Stern

Je mehr Masse ein Stern hat, desto heißer ist er und desto schneller verbraucht er seinen Wasserstoff. Blaue Sterne sind die heißesten Sterne im Universum.

Roter Superriese

Wenn der Wasserstoff verbraucht ist, wird der Stern kühler, größer und roter. Dieser Sterntyp heißt „Superriese". Er ist der größte Typ, den wir kennen.

Roter Riese

Wenn der Wasserstoff zur Neige geht, wird der Stern größer und kühlt ab. Er nähert sich dem Ende seines Lebens, verändert die Farbe und wird zu einem „Roten Riesen“.

Planetarer Nebel

Winde, die von dem sterbenden Stern ausgehen, drücken die äußeren Schichten immer weiter ins All hinaus. Diese bilden eine Hülle aus Gas und Staub um den Kern, den „planetaren Nebel“.

Weißer Zwerg

Die Hülle dehnt sich weiter aus, bis nur noch ein winziges, heißes Objekt übrig ist: der „Weiße Zwerg“. Er kühlt mit der Zeit ab und leuchtet immer schwächer.

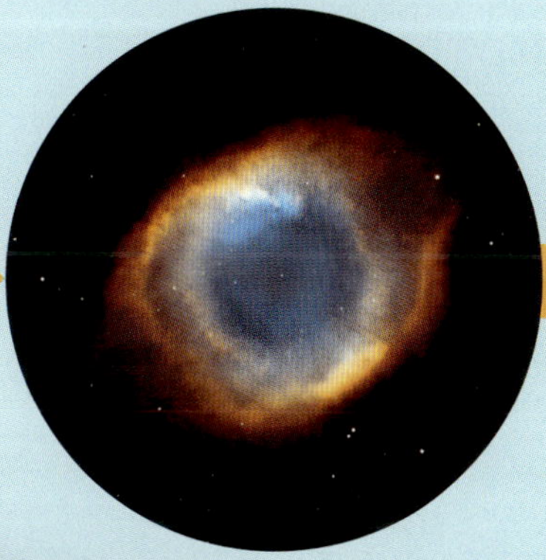

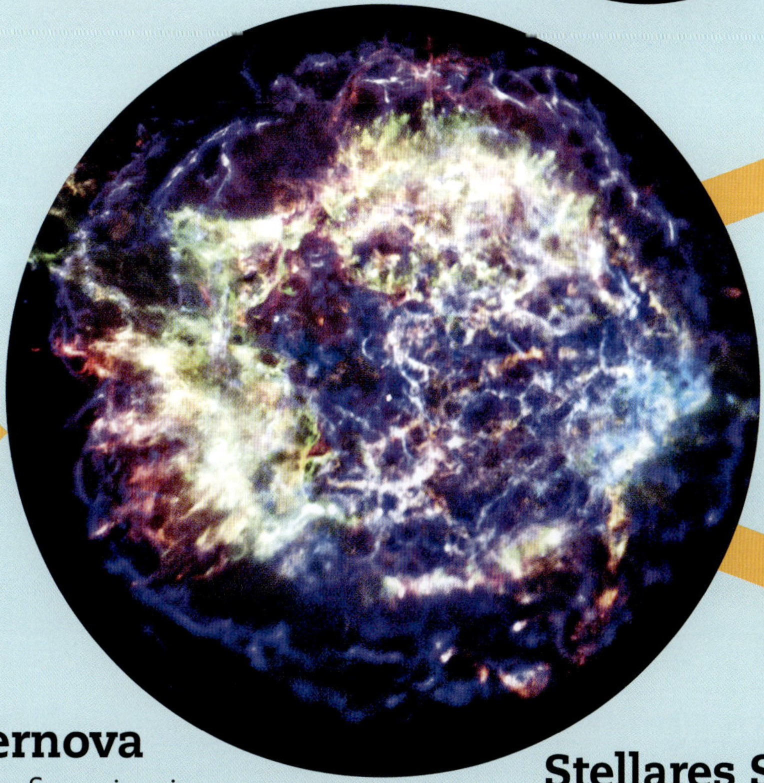

Neutronenstern

Eine Supernova kann einen Neutronenstern zurücklassen. Das Material des explodierten Sterns schrumpft dann auf einen Durchmesser von nur 20 Kilometern zusammen.

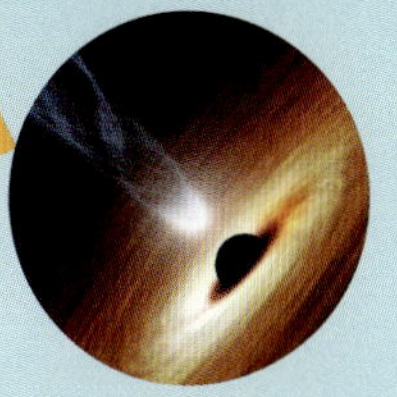

Supernova

Wenn der Superriese in sich zusammenstürzt, explodiert er als riesige Supernova. Dies ist die stärkste und größte Explosion im Universum, heller als Milliarden Sterne!

Stellares Schwarzes Loch

Bei den massereichsten Sternen bleibt nach der Supernova ein Schwarzes Loch zurück. Das ist ein Ort im All, an dem die Schwerkraft so stark ist, dass ihr nichts entkommt, nicht einmal das Licht.

Orionnebel

Nebel sind riesige Wolken aus Staub und Gas im Weltall. In diesen Regionen entstehen neue Sterne. Der Orionnebel ist einer der hellsten Nebel. Man sieht ihn mit bloßem Auge als verschwommenen Fleck.

Steckbrief

- **Entfernung zur Erde:** 1340 Lichtjahre
- **Position:** Sternbild Orion
- **Entdeckt:** 1610

Neue Sterne

Viele junge Sterne haben einen Ring aus Gas und Staub. Beides lagert sich mit der Zeit zusammen und bildet Planeten, Monde oder Asteroidengürtel.

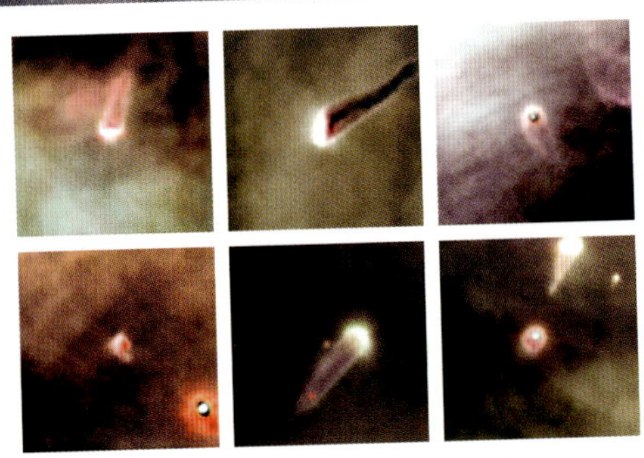

Ringe aus Gas und Staub im Orionnebel

Adlernebel

Der Adlernebel, auch M16 genannt, ist eine Region, in der sich viele neue Sterne bilden. Er ist 5,5 Millionen Jahre alt und ist von der Erde aus mit kleinen Teleskopen sichtbar.

Steckbrief

- **Entfernung zur Erde:** 7000 Lichtjahre
- **Position:** Sternbild Schlange
- **Entdeckt:** 1745

Säulen der Schöpfung

Säulen der Schöpfung

Diese Finger aus Gas und Staub im Adlernebel wurden 1995 vom Hubble-Weltraumteleskop entdeckt. Sie sind etwa fünf Lichtjahre lang und in ihnen entstehen zahlreiche neue Sterne.

Sternklassen

Auch wenn für uns alle Sterne gleich aussehen, haben sie je nach Alter und Masse verschiedene Größen, Temperaturen, Farben und Leuchtstärken. Forscher teilen die Sterne daher in Gruppen ein, indem sie die Leuchtkraft mit der Temperatur vergleichen.

Braune Zwerge

Damit die Verbrennung des Wasserstoffs einsetzt, muss ein Stern eine gewisse Größe erreichen. Braune Zwerge sind anfangs Sterne, werden aber nicht groß genug für die Wasserstoffverbrennung im Kern und sehen dann ähnlich aus wie Jupiter.

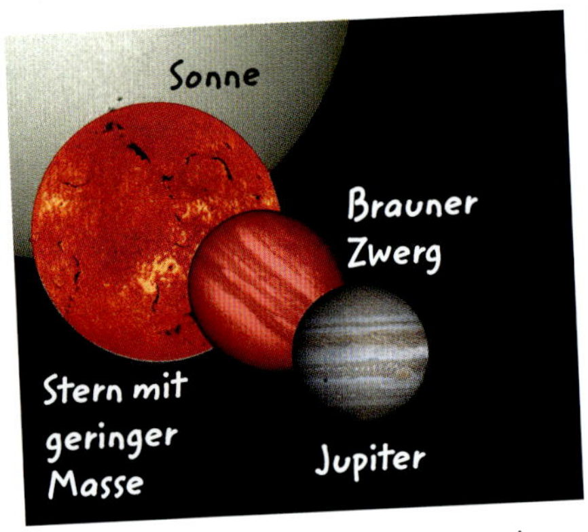

Braune Zwerge sind größer als Jupiter, aber kleiner als Sterne mit geringer Masse.

Die größte Sternklasse, die Roten Superriesen, sind hell und kühl. Sie bleiben nur etwa eine Million Jahre erhalten und explodieren dann in Form einer Supernova.

Rote Riesen sind Sterne, deren Wasserstoff verbraucht ist. Sie nähern sich dem Ende ihres Lebens und bleiben nur wenige Hundertmillionen Jahre bestehen.

Die Sonne ist ein Gelber Zwerg. Diese Sterne bleiben etwa zehn Milliarden Jahre in der Hauptreihenphase. Die Sonne hat etwa die Hälfte ihres Lebens hinter sich.

Rote Zwerge haben unter den Hauptreihensternen die geringste Masse und Temperatur. Sie verbrennen Wasserstoff langsam und leben mehrere Hundertmilliarden Jahre.

Sirius A

Sein Name stammt vom griechischen Wort für „leuchten“. Er ist Teil eines Doppelsternsystems (zwei Sterne, die einander umkreisen). Er ist einer unserer nächsten Sterne und hat fast doppelt so viel Masse wie die Sonne.

Steckbrief

- **Entfernung zur Erde:** 8,6 Lichtjahre
- **Sterntyp:** Blauer Hauptreihenstern
- **Alter:** 230 Millionen Jahre
- **Sternbild:** Großer Hund

HELLSTER STERN AM NACHTHIMMEL

Sirius A wird manchmal „Hundsstern“ genannt, weil er zum Sternbild Großer Hund (Canis Major) gehört, das aussieht wie ein Hund

Entdeckung von Sirius B

Am 31. Januar 1862 entdeckte der US-amerikanische Teleskopbauer und Astronom Alvan Clark Sirius B, als er ein neues Teleskop ausprobieren wollte. Der schwache Stern war neben dem hellen Sirius A kaum erkennbar.

Sirius A und B

VY Canis Majoris

Der Rote Superriese ist etwa 1800-mal größer als die Sonne. Er ist ein veränderlicher Stern, das heißt, seine Helligkeit ändert sich von der Erde aus gesehen immer wieder. Der Stern pulsiert (er wird größer und wieder kleiner) im Lauf von 956 Tagen.

Steckbrief

- **Entfernung zur Erde:** 3912 Lichtjahre
- **Sterntyp:** Roter Superriese
- **Alter:** 8,2 Millionen Jahre
- **Sternbild:** Großer Hund

EINER DER GRÖSSTEN STERNE IM UNIVERSUM

Rund um den Stern liegen große Staubkörner, die sein Licht reflektieren.

VY Canis Majoris hat 30- bis 40-mal die Masse der Sonne und ist 200 000-mal heller.

Durch das Pulsieren verliert VY Canis Majoris Staub und Gas. Das Material bildet Staubhüllen, die aussehen wie Lichtringe um den Stern.

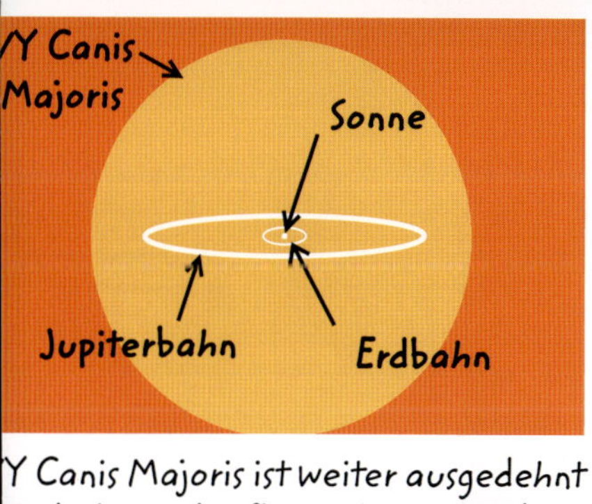

Y Canis Majoris ist weiter ausgedehnt als die Umlaufbahn des Jupiter!

Sterbender Riese

VY Canis Majoris ist rund 1800-mal größer als die Sonne. Wegen dieser Größe ist die Schwerkraft an der Oberfläche gering, sodass er leicht Masse verliert. Der Stern hat bereits die Hälfte seiner Masse verloren und wird bald zu einem Schwarzen Loch zusammenstürzen.

Hubble

Hubble ist eines der größten Weltraumteleskope und kreist um die Erde. Es empfängt ultraviolettes, sichtbares und nahinfrarotes Licht. *Hubble* nahm Fotos der am weitesten entfernten bisher bekannten Sterne und Galaxien auf.

Steckbrief

- **Start:** April 1990
- **Teleskoptyp:** Sichtbares, nah infrarotes, ultraviolettes Licht
- **Hauptspiegel:** 2,4 m Durchmesser
- **Missionsstatus:** In Betrieb

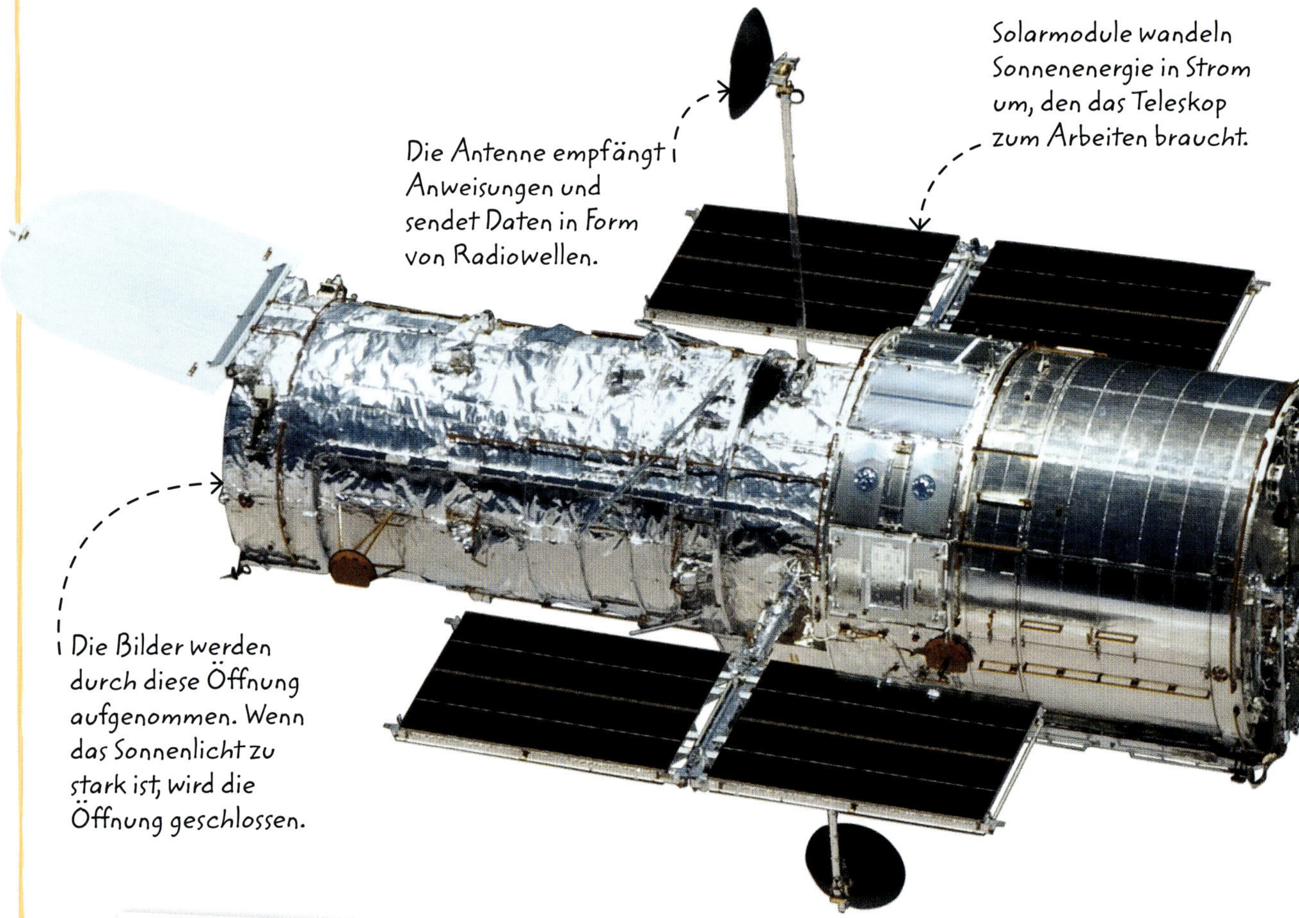

Reparaturen

Hubble ist das einzige Teleskop, das im All repariert wurde. Fünfmal wurden Astronauten losgeschickt, um es zu reparieren, und fast jedes Teil wurde dabei ersetzt.

Ein Astronaut bei der Arbeit

Das Hubble-Teleskop ist ungefähr so groß wie ein Schulbus.

Spitzer

Das Weltraumteleskop *Spitzer* empfing Infrarotlicht, das für menschliche Augen unsichtbar ist. Es beobachtete vor allem kühlere Objekte wie braune Zwergsterne, Exoplaneten und Staub in Sternentstehungsgebieten. Das Teleskop wog nicht einmal 50 kg.

Steckbrief

- **Start:** August 2003
- **Teleskoptyp:** Infrarot
- **Hauptspiegel:** 0,85 m Durchmesser
- **Missionsstatus:** Beendet 2020

Fliegendes Observatorium

Das Stratosphären-Observatorium für Infrarot-Astronomie (SOFIA) ist ein Flugzeug vom Typ Boeing 747SP mit einem 2,5 m großen Infrarot-Teleskop. Es arbeitet nachts in einer Höhe von 12–14 km. Ein Flug dauert etwa acht Stunden.

SOFIA-Teleskop

Chandra

Das Teleskop fängt Röntgenstrahlen ein. Diese unsichtbaren Strahlen kommen aus sehr heißen Gebieten des Universums. Das Teleskop ist nach dem indisch-amerikanischen Astrophysiker Subrahmanyan Chandrasekhar benannt.

Steckbrief

- **Start:** Juli 1999
- **Teleskoptyp:** Röntgen
- **Hauptspiegel:** 1,2 m Durchmesser
- **Missionsstatus:** In Betrie

STÄRKSTES RÖNTGEN-TELESKOP DER WELT

Chandra ist sparsam. Es verbraucht nur so viel Energie wie ein Fön!

Röntgenbilder

Röntgenstrahlen sind unsichtbare Strahlen, die weiche Stoffe wie Haut durchdringen können. Von harten Dingen wie Knochen oder Metall werden sie zurückgeworfen. Ärzte fotografieren damit Knochen.

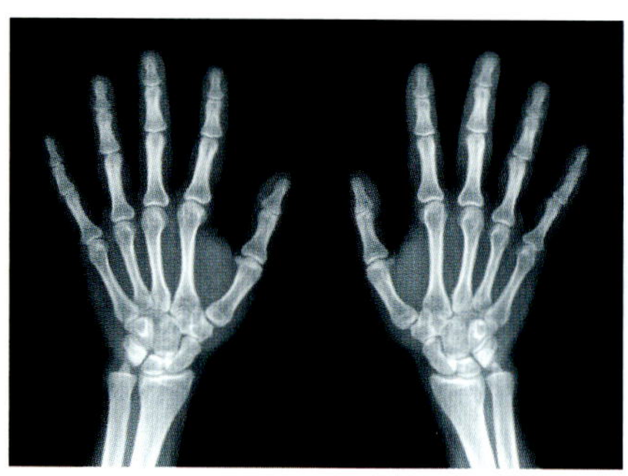

Röntgenbild zweier Hände

INTEGRAL

Das Internationale Gammastrahlen-Astrophysik-Laboratorium (INTEGRAL) beobachtet die energiereichsten Objekte im Weltall, zum Beispiel Supernova-Explosionen oder aktive Galaxien. Gammastrahlen sind die energiereichsten Lichtstrahlen.

Steckbrief

- **Start:** Oktober 2002
- **Teleskoptyp:** Gammastrahlen
- **Hauptspiegel:** 3,7 m Durchmesser
- **Missionsstatus:** In Betrieb

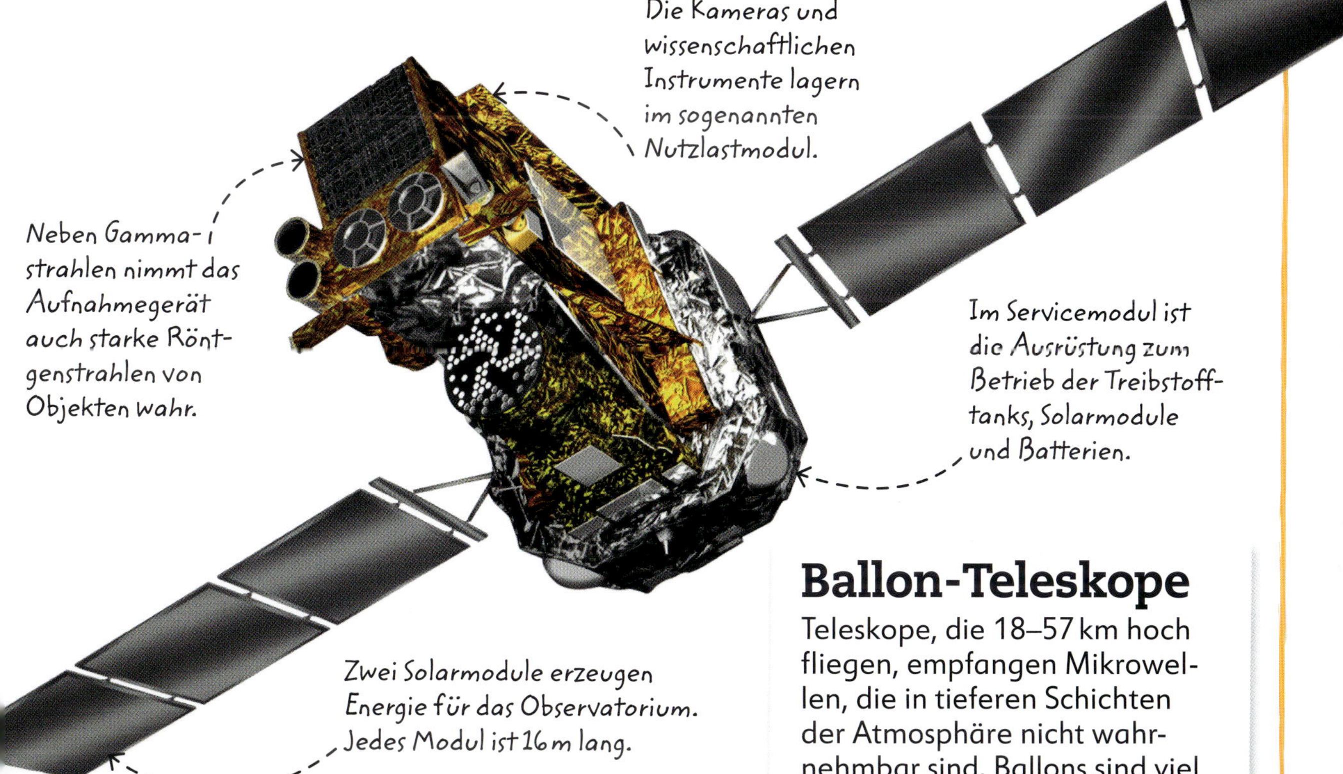

AstroSat wurde 2015 im Rahmen des indischen Weltraumprogramms gestartet. Er umkreist die Erde alle 98 Minuten und empfängt ultraviolette und Röntgenstrahlen von Objekten im All.

Ballon-Teleskope

Teleskope, die 18–57 km hoch fliegen, empfangen Mikrowellen, die in tieferen Schichten der Atmosphäre nicht wahrnehmbar sind. Ballons sind viel billiger als Weltraumteleskope.

Ballon-Teleskop

Wettlauf ins All

Ab etwa 1955 bis 1970 lieferten sich die USA und die Sowjetunion (heute Russland) einen Wettbewerb darum, welches Land bei der Erkundung des Weltraums die Nase vorn hatte. Beide Länder wollten alle wichtigen Leistungen als Erstes schaffen.

Legende
Sowjetunion
USA

Sputnik 1

4. Oktober 1957

Erster Satellit

Die Sowjetunion startete den ersten künstlichen Satelliten, *Sputnik 1*, der erfolgreich die Erde umkreiste.

Hündin Laika

3. November 1957

Ein Tier im Weltraum

Eine Hündin namens Laika war das erste Lebewesen, das in dem Satelliten *Sputnik 2* die Erde umrundete.

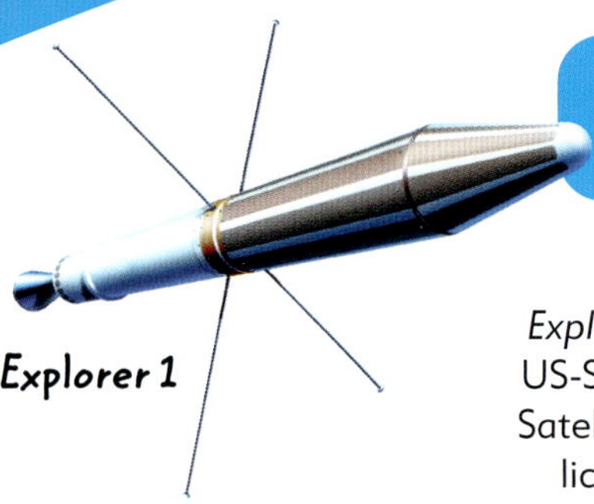

Explorer 1

31. Januar 1958

US-Satellit

Explorer 1, der erste künstliche US-Satellit im All, war der erste Satellit mit einem wissenschaftlichen Instrument an Bord.

Luna 2

12. September 1959

Landung einer Sonde

Luna 2 landete als erstes Raumfahrzeug auf einem anderen Himmelskörper – dem Mond.

Juri Gagarin

12. April 1961

Erster Mensch im All

Der Kosmonaut (russische Astronaut) Juri Gagarin w der erste Mensch im Welt raum. In *Wostok 1* flog e einmal rund um die Erde.

5. Mai 1961

Amerikaner im All

Alan Shepard war der er Astronaut der USA. Er startete mit dem Raumfc zeug *Freedom 7* ins All

Alan Shepard

Valentina Tereschkowa

Erste Frau im All

Die Kosmonautin Valentina Tereschkowa wurde zur Nationalheldin, als sie mit *Wostok 6* in den Weltraum flog.

16. Juni 1963

Alexej Leonow

Spaziergang im All

Nur durch ein Seil mit seinem Raumfahrzeug verbunden schwebte der Kosmonaut Alexej Leonow zehn Minuten im Raumanzug im All.

18. März 1965

Zusammenarbeit im All

Heute arbeiten die USA und Russland im Weltraum oft zusammen. Der Astronaut Bill Shepherd und die Kosmonauten Juri Gidsenko und Sergej Krikaljow bildeten bei der *Expedition 1* die erste Stammbesatzung der Internationalen Weltraumstation (ISS).

Die Mannschaft der Expedition 1 lebte und arbeitete 136 Tage lang an Bord der ISS.

3. Juni 1965

Edward White

Weltraumspaziergang

Bei der Mission *Gemini 4* verbrachte der Astronaut Edward White 23 Minuten außerhalb des Raumfahrzeugs.

15. Juli 1965

Mars-Mission

Die Mission *Mariner 4* der USA flog am Mars vorbei und fotografierte den Roten Planeten erstmals aus der Nähe.

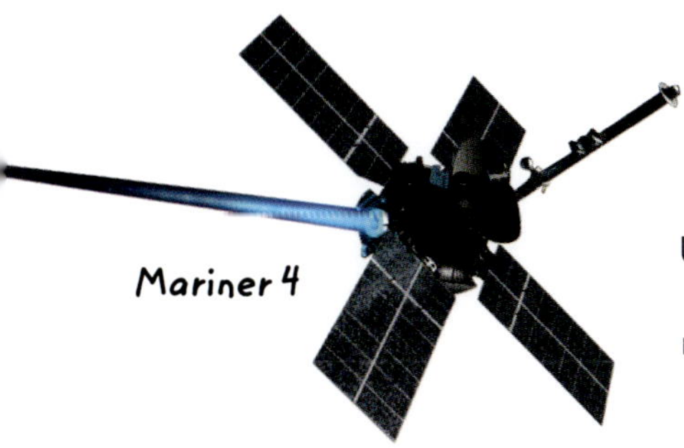

Mariner 4

Apollo 8 ist zurück auf der Erde.

21. Dezember 1968

Mondumkreisung

Die Astronauten der Mission *Apollo 8* (USA) umkreisten als erste Menschen einen anderen Himmelskörper – den Mond.

20. Juli 1969

Mondlandung

Die Astronauten Neil Armstrong und Edwin „Buzz" Aldrin waren die ersten Menschen, die bei der Mission *Apollo 11* (USA) den Mond betraten.

Neil Armstrong betritt den Mond.

Weltraum-forschung

Viele Länder der Erde bauen neue Raumfahrzeuge, Satelliten und Maschinen zur Erforschung des Weltraums. Staatliche Weltraumagenturen und private Unternehmen arbeiten bereits an zukünftigen Raumprogrammen.

NASA

Die Weltraumagentur der USA, NASA, will mit dem Programm *Artemis* erneut Menschen zum Mond bringen. Die Astronauten erhalten für diese Mission neue, beweglichere Raumanzüge.

James-Webb-Weltraumteleskop

ESA

Die Europäische Weltraumagentur ESA mit Sitz in Paris (Frankreich) hat 22 Mitgliedsstaaten. Vom ESA-Raumfahrtzentrum in Französisch-Guayana wird das James-Webb-Weltraumteleskop gestartet.

Raumanzug-Ingenieurin Kristine Davis

Kontrollzentrum von Roskosmos

Roskosmos

Roskosmos mit Sitz in Moskau leitet die russischen Weltraummissionen. Das Kontrollzentrum in Koroljow begleitet die Durchführung aller Missionen.

Abzeichen der US-Missionen

Für jede NASA-Mission gestaltet die Besatzung ein Abzeichen mit Namen und Nummer der Mission und einem Symbol für die Aufgabe.

Apollo 11

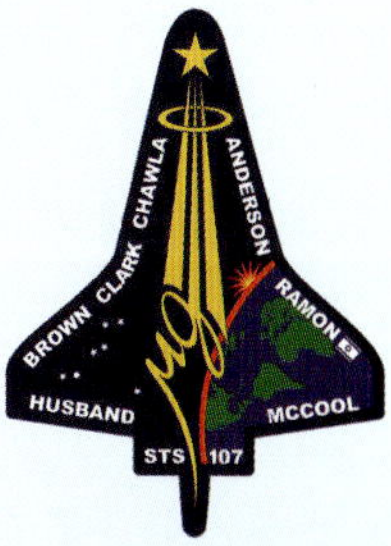

STS-107

Kosmodrom Baikonur
Startplatz für bemannte und unbemannte Raumflüge von Roskosmos

Kosmodrom Jiuquan
Startplatz für bemannte Raumflüge der CNSA

Raumfahrtzentrum Tanegashima
Japans größter Raketenstartplatz

Raumfahrtzentrum Satish Dhawan
Der Startplatz der ISRO für Satelliten und Raumflüge zu anderen Himmelskörpern im Sonnensystem

Luftwaffenbasis Palmachim
Satelliten-Startrampe der israelischen Weltraumagentur

CNSA

Die Chinesische Weltraumagentur arbeitet derzeit am Bau der modularen Raumstation *Tiangong*, ähnlich wie die *Mir* und die ISS.

Die chinesische Raumstation Tiangong

Polar Satellite Launch Vehicle (Indische Trägerrakete)

ISRO

Die Indische Weltraumforschungs-Organisation (ISRO) hat viele Trägerraketen, die Satelliten und andere Raumfahrzeuge ins All transportieren. Sie startete Indiens erste Mission zum Mond und in die Marsumlaufbahn.

Weltraum-sonden

Seit 1957 werden Raumsonden ins All und zu anderen Objekten im Sonnensystem gesandt. Die Sonden umkreisen sie oder landen sogar und Forscher erfahren durch ihre technischen Geräte mehr über das Universum.

Voyager 1 verließ im Jahr 2012 als erste Raumsonde das Sonnensystem.

Cassini-Huygens

Die Sonde *Cassini* untersuchte mehr als 13 Jahre lang Saturn sowie seine Ringe und Monde. Sie hatte die kleinere Sonde *Huygens* an Bord, die 2005 auf dem größten Saturnmond, Titan, landete.

Steckbrief

- **Start:** Oktober 1997
- **Raumfahrzeugtyp:** Orbiter und Landesonde
- **Größe:** 6,8 m lang
- **Missionsstatus:** Beendet 2017

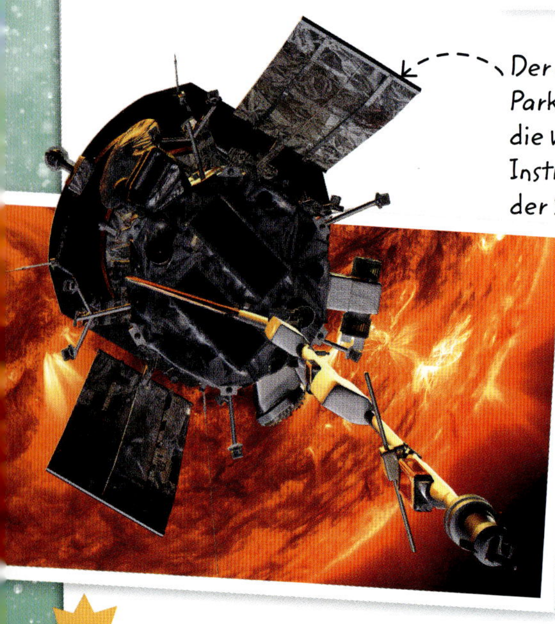

Der dicke Hitzeschild der Parker Solar Probe schützt die wissenschaftlichen Instrumente vor der Hitze der Sonne.

Parker Solar Probe

Die Sonde erforscht die Sonne und nähert sich ihrer Oberfläche auf 6,1 Millionen Kilometer. Dabei fliegt sie durch die Sonnenkorona. Sie muss Temperaturen bis 1377 °C widerstehen.

Steckbrief

- **Start:** August 2018
- **Raumfahrzeugtyp:** Orbiter
- **Größe:** 2,3 m lang
- **Missionsstatus:** In Betrie

Juno

Die Raumsonde umkreist Jupiter über seinem Nord- und Südpol und untersucht sein Magnetfeld. *Juno* kann sich der obersten Wolkenschicht bis auf 4200 km nähern.

Steckbrief

- **Start:** August 2011
- **Raumfahrzeugtyp:** Orbiter
- **Größe:** 3,5 m lang
- **Missionsstatus:** In Betrieb

Steckbrief

- **Start:** Januar 2006
- **Raumfahrzeugtyp:** Vorbeiflug-Sonde
- **Größe:** 2,7 m lang
- **Missionsstatus:** In Betrieb

New Horizons

Sie war die erste Sonde, die an dem Zwergplaneten Pluto vorbeiflog und seine Oberfläche sowie den Mond Charon fotografierte. *New Horizons* flog weiter zu dem kleinen Kuipergürtel-Objekt, das wir jetzt Arrokoth nennen.

yabusa2 feuerte eine Gewehrkugel f den Asteroiden und legte Gestein i, das später eingesammelt wurde.

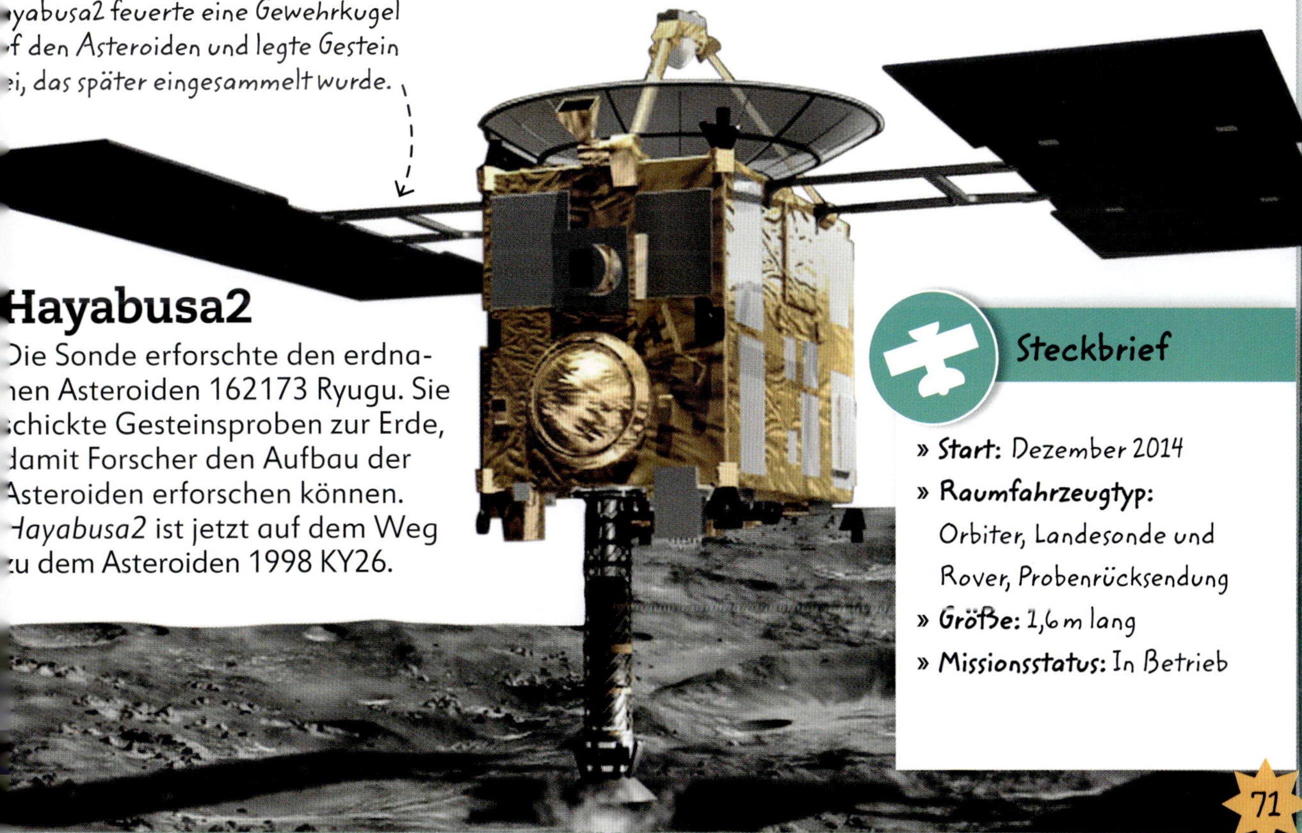

Hayabusa2

Die Sonde erforschte den erdnahen Asteroiden 162173 Ryugu. Sie schickte Gesteinsproben zur Erde, damit Forscher den Aufbau der Asteroiden erforschen können. *Hayabusa2* ist jetzt auf dem Weg zu dem Asteroiden 1998 KY26.

Steckbrief

- **Start:** Dezember 2014
- **Raumfahrzeugtyp:** Orbiter, Landesonde und Rover, Probenrücksendung
- **Größe:** 1,6 m lang
- **Missionsstatus:** In Betrieb

Mond-Rover

Die Sowjetunion entwickelte das Mondfahrzeug *Lunochod*, das auf dem Mond umherfuhr. *Lunochod 1* war der erste ferngesteuerte Rover, der erfolgreich einen anderen Himmelskörper im Weltall erforschte. Er nahm Fotos auf und untersuchte den Boden.

Steckbrief

- **Start:** November 1970
- **Raumfahrzeugtyp:** Unbemannter Rover
- **Größe:** 2,3 m lang
- **Missionsstatus:** Beendet 1973

Lunochod ähnelte ein wenig einer Badewanne auf Rädern! In dem wannenförmigen Körper waren die Forschungsgeräte untergebracht.

Mondfahrzeuge

Bei den Missionen *Apollo 15, 16* und *17* der USA hatten die Astronauten Mondfahrzeuge dabei, die sie „Mond-Buggy" nannten. Sie erforschten damit ebenfalls die Mondoberfläche.

Mondfahrzeug der USA

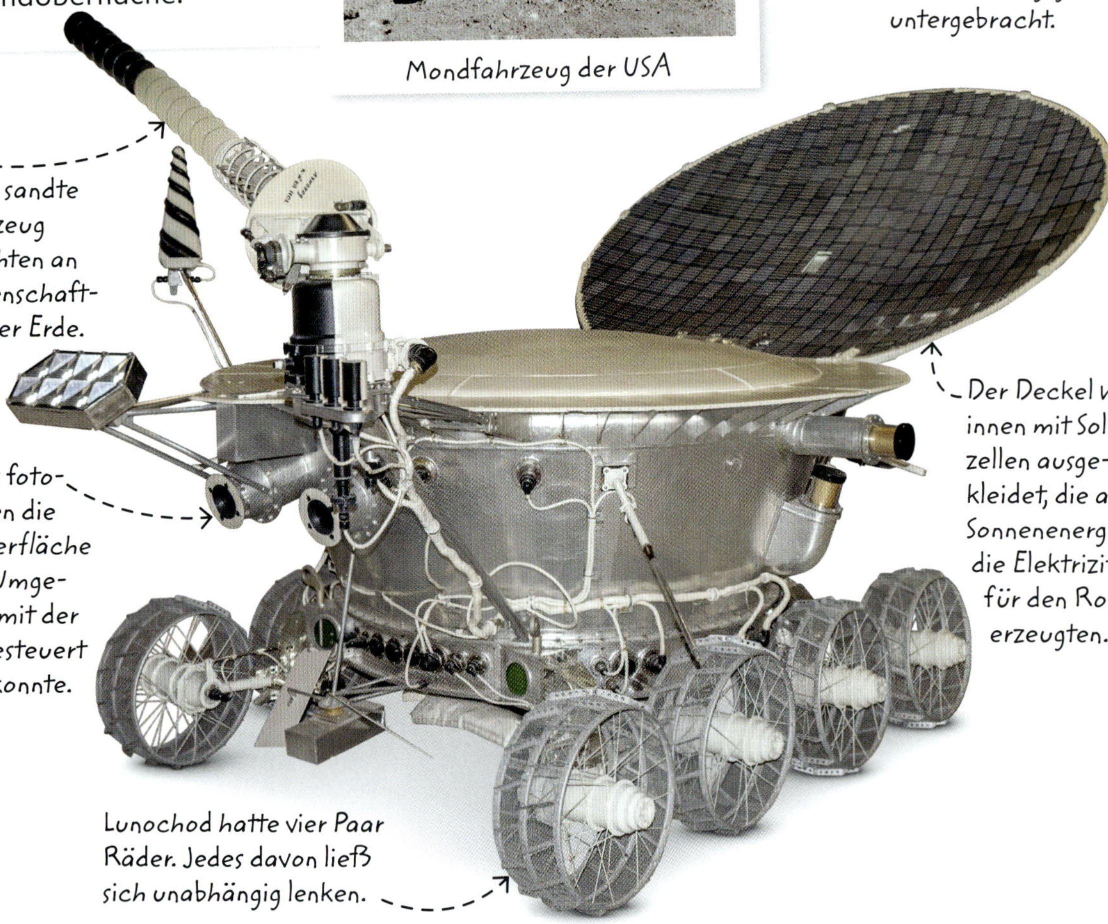

Mit der Antenne sandte das Fahrzeug Nachrichten an die Wissenschaftler auf der Erde.

Kameras fotografierten die Mondoberfläche und die Umgebung, damit der Rover gesteuert werden konnte.

Der Deckel war innen mit Solarzellen ausgekleidet, die aus Sonnenenergie die Elektrizität für den Rover erzeugten.

Lunochod hatte vier Paar Räder. Jedes davon ließ sich unabhängig lenken.

Mars-Rover

Bisher waren zwar noch keine Menschen auf dem Mars, aber schon mehrere Fahrzeuge. Eines der beiden größten ist der NASA-Rover *Curiosity*, der so groß ist wie ein Auto. Er erforscht das Klima und die Oberfläche und kann Bodenproben nehmen und untersuchen.

Steckbrief

- **Start:** November 2011
- **Raumfahrzeugtyp:** Unbemannter Rover
- **Größe:** 3 m lang
- **Missionsstatus:** In Betrieb

GRÖSSTER PLANETARER ROVER

Marslandung

Anders als frühere Rover war *Curiosity* zu schwer für eine Landung per Fallschirm. Ein Landefahrzeug trug ihn hinunter und seilte ihn mit einem Kabel von einem „Himmelskran" ab.

Landung von Curiosity

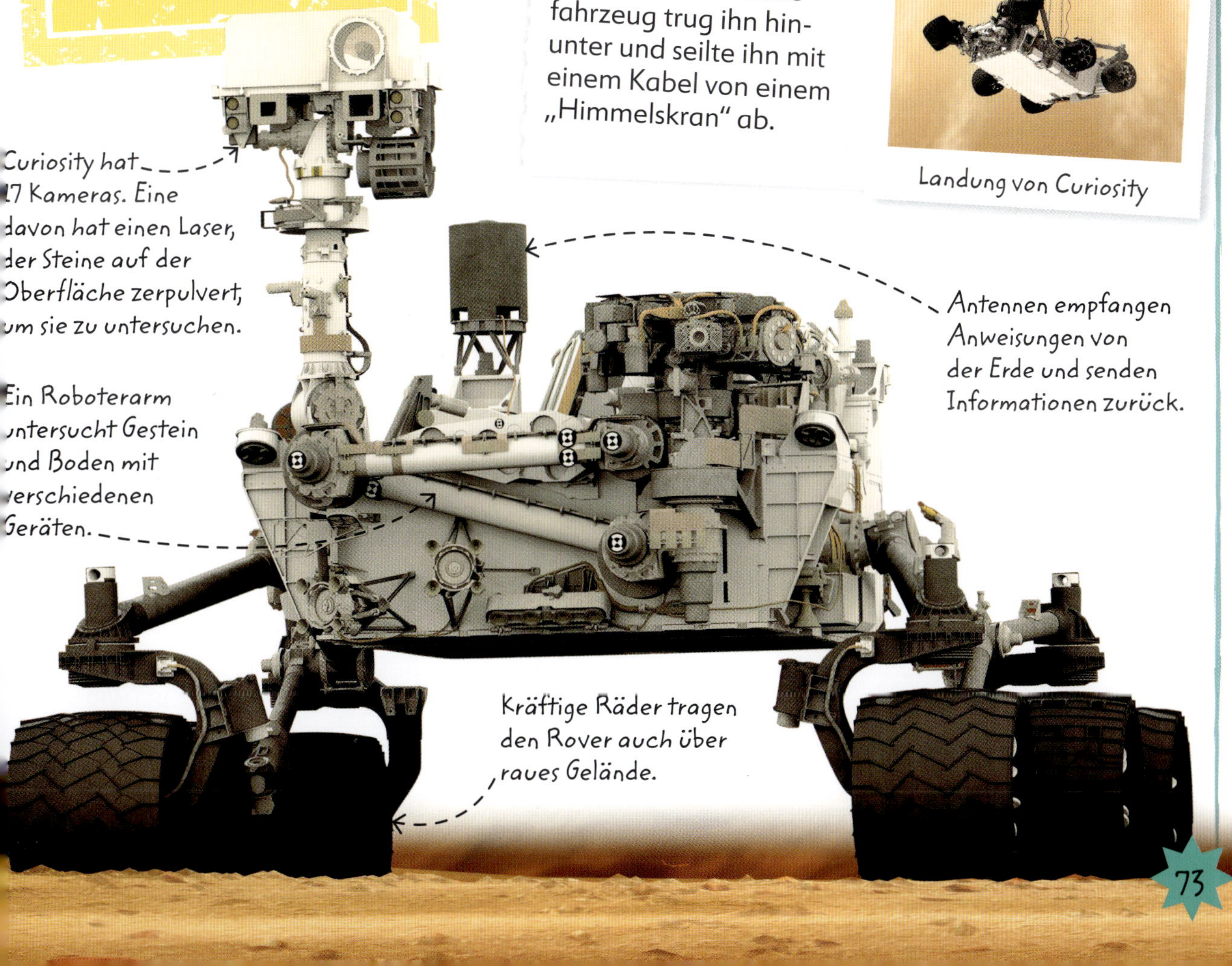

Apollo

Zwischen 1960 und 1970 entwickelte die NASA (USA) das *Apollo*-Raumfahrtprogramm. Ziel war es, Astronauten zum Mond und wieder zur Erde zu bringen. Ab *Apollo 11* im Jahr 1969 landeten sechs *Apollo*-Missionen auf dem Mond.

Steckbrief

- **Start:** Februar 1967
- **Raumfahrzeugtyp:** Landefahrzeug und Orbiter
- **Größe:** 11 m lang
- **Missionsstatus:** Beendet 1972

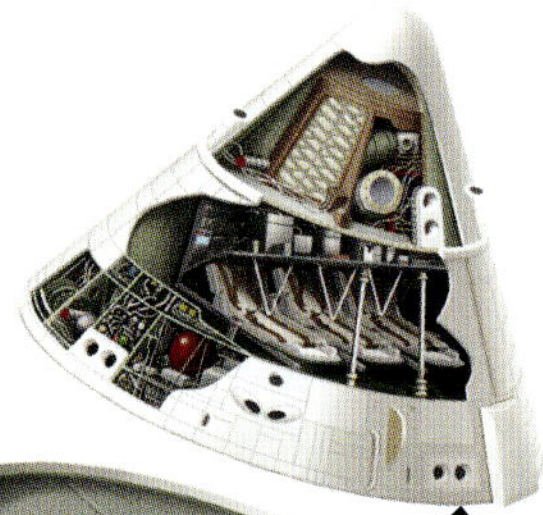

Das kegelförmige Kommandomodul hatte fünf Fenster. Es sollte die Astronauten zum Mond und wieder zurück zur Erde bringen.

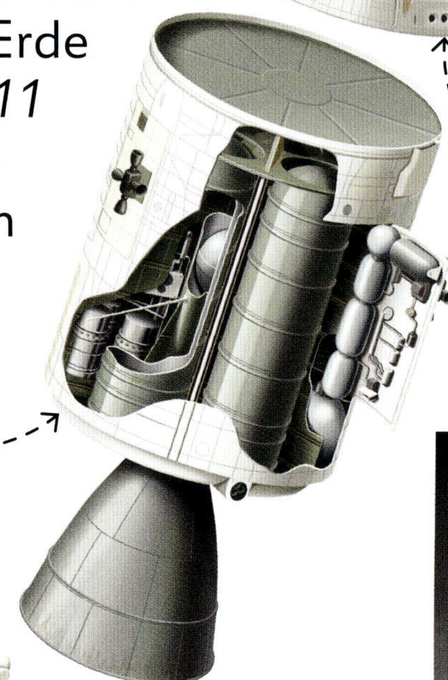

Das Servicemodul versorgte das Raumfahrzeug mit Energie und beherbergte das Haupttriebwerk und den Treibstofftank sowie Tanks mit Wasser und Sauerstoff für die Astronauten.

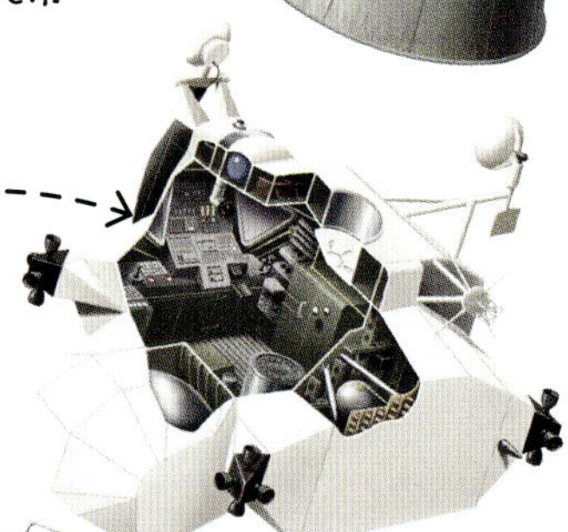

Der obere Teil der Landefähre trug die beiden Astronauten zur Mondoberfläche. Am Ende der Mission wurden kleine Triebwerke gezündet, die sie wieder zurück zum Kommandomodul brachten.

Im unteren Teil der Landefähre waren die Ausrüstung und wissenschaftliche Instrumente. Er blieb auf dem Mond.

Katherine Johnson war Mathematikerin bei der NASA.

Katherine Johnson

Johnson (1918–2020) berechnete für *Apollo* die Flugbahn von der Erde zum Mond ebenso wie die Flugbahn, auf der die Landefähre von ihrem Landeort auf der Mondoberfläche sicher zum Kommandomodul zurückkehren würde.

Sojus

Das Raumfahrzeug *Sojus*, das 1966 erstmals gestartet wurde, gehörte zum Raumfahrtprogramm der Sowjetunion. Das Design ist mit einigen Änderungen heute noch in Gebrauch. Es bringt Personen und Vorräte zur Weltraumstation ISS und zurück.

Steckbrief

- **Start:** April 1967 (erster bemannter Flug)
- **Raumfahrzeugtyp:** Bemanntes Raumschiff
- **Größe:** 7,2 m lang
- **Missionsstatus:** In Betrieb

Sojus erste erfolgreiche bemannte Mission fand am 26. Oktober 1968 statt.

Apollo-Sojus

Im Juli 1975 gab es die erste gemeinsame internationale Weltraummission der USA und Sowjetunion. Eine *Apollo*-Kapsel koppelte an ein *Sojus*-Raumschiff an. Die Crews begrüßten sich, führten Experimente durch und tauschten Geschenke aus.

Zwei Mitglieder des gemeinsamen Apollo-Sojus-Testprojekts (USA, Sowjetunion)

Raketen

Trägerraketen bringen Raumsonden oder bemannte Raumfahrzeuge hinauf in den Weltraum. Ihre mächtigen Triebwerke verbrennen Treibstoff und schieben die Raumfahrzeuge hoch. Es gibt festen und flüssigen Treibstoff, die jeweils in Tanks im Inneren der Rakete untergebracht sind.

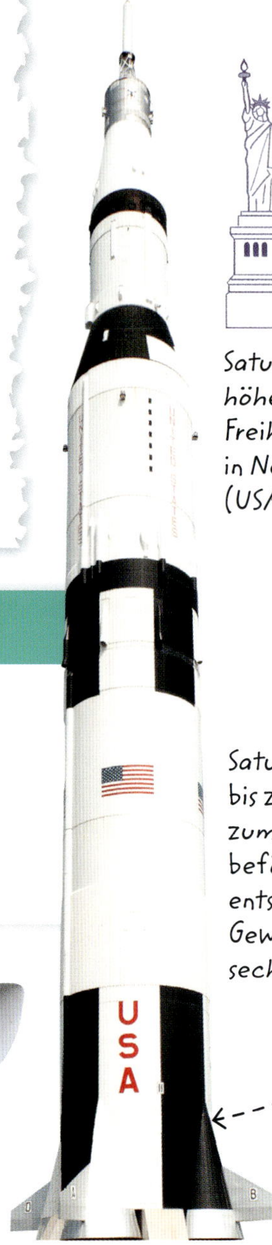

Saturn V war höher als die Freiheitsstatue in New York (USA)!

Saturn V

Die *Saturn V* war die stärkste Rakete, die je gebaut wurde. Ihr Zweck war es, die Astronauten des *Apollo*-Programms auf den Weg zum Mond zu bringen. Fünf Raketentriebwerke gaben der *Saturn V* den nötigen Schub.

Steckbrief

- **Start:** November 1967
- **Höhe:** 111 m
- **Agentur:** NASA
- **Missionsstatus:** Beendet 1973

Saturn V konnte bis zu 43 500 kg zum Mond befördern. Das entspricht dem Gewicht von sechs Elefanten

Die ersten Raketen wurden im 13. Jahrhundert in China hergestellt.

Vega befördert Satelliten mit einem Gewicht zwischen 300 kg und 2500 kg.

Vega (ESA)

Vega bringt Satelliten in Umlaufbahnen, die sie dann entweder über den Äquator oder die Pole führen. Sie kann bei einer Mission auch mehrere Satelliten befördern.

Steckbrief

- **Start:** Februar 2012
- **Höhe:** 30 m
- **Agentur:** ESA
- **Missionsstatus:** In Betrieb

Langer Marsch 5

Sie ist die drittstärkste Rakete der Welt. China brachte mit *Langer Marsch 5* mehrere Raumsonden auf den Weg zu Mond und Mars und sie soll auch Chinas neue Weltraumstation ins All tragen.

Steckbrief

» **Start:** November 2016
» **Höhe:** 57 m
» **Agentur:** CNSA
» **Missionsstatus:** In Betrieb

Steckbrief

» **Start:** August 2001
» **Höhe:** 54 m
» **Agentur:** JAXA
» **Missionsstatus:** In Betrieb

H-IIA (H-2A)

H-IIA wurde von Japan seit 2001 für mehr als 43 Starts verwendet, darunter der Start einer Marssonde und des Raumfahrzeugs *Akatsuki*, das die Venus umkreist.

Geosynchronous Satellite Launch Vehicle Mark III

Die *GSLV Mark III* bringt in Indien Satelliten in geostationäre Umlaufbahnen: Das heißt, sie folgen der Erddrehung und stehen immer über demselben Ort. Die Rakete brachte 2019 das schwerste indische Raumfahrzeug *Chandrayaan-2* auf den Weg zum Mond.

Steckbrief

» **Start:** Juni 2017
» **Höhe:** 43 m
» **Agentur:** ISRO
» **Missionsstatus:** In Betrieb

GSLV Mark III soll bald eine Besatzung von drei Astronauten im Raumfahrzeug Gaganyaan ins All bringen.

Start und Rückkehr

Sojus aus Russland ist seit 1966 das weltweit am häufigsten verwendete Raumschiff und die gleichnamige Rakete bringt das Raumschiff ins All. Neben der *Falcon 9* und der *Dragon* der Firma SpaceX ist die *Sojus* eine der wenigen Raketen, die derzeit Menschen ins All bringen können.

Start

Nicht einmal zehn Minuten nach dem Start fühlen sich die Astronauten bereits schwerelos. Die *Sojus* erreicht die Weltraumstation nach etwa sechs Stunden.

Mit der Sojus-Rakete beginnt das Raumschiff Sojus die Reise zur ISS.

1. Die Rakete hebt ab
Nach langer Planung und dem letzten Countdown zünden die Triebwerke und erreichen in wenigen Sekunden volle Kraft. Die Rakete steigt in den Himmel.

2. Booster lösen sich
Vier Starthilferaketen (Booster) brennen nach dem Start zwei Minuten lang und werden dann abgeworfen. Sie fallen zurück auf die Erde.

3. Haupttank ist leer
Nach fünf Minuten ist der Haupttreibstofftank, die sogenannte Erste Stufe, leer und fällt ab. Ein zweiter Tank liefert Treibstoff für den Weiterflug.

4. Andockmanöver
Die Zweite Stufe (2. Treibstofftank) wird abgeworfen. Die Sojus dockt an der ISS an, damit die Astronauten an Bord gehen können.

Training

Astronauten müssen jahrelang trainieren, bevor sie an einer Mission teilnehmen können. Sie üben oft unter Wasser, weil das dem Gefühl der Schwerelosigkeit im All sehr nahe kommt.

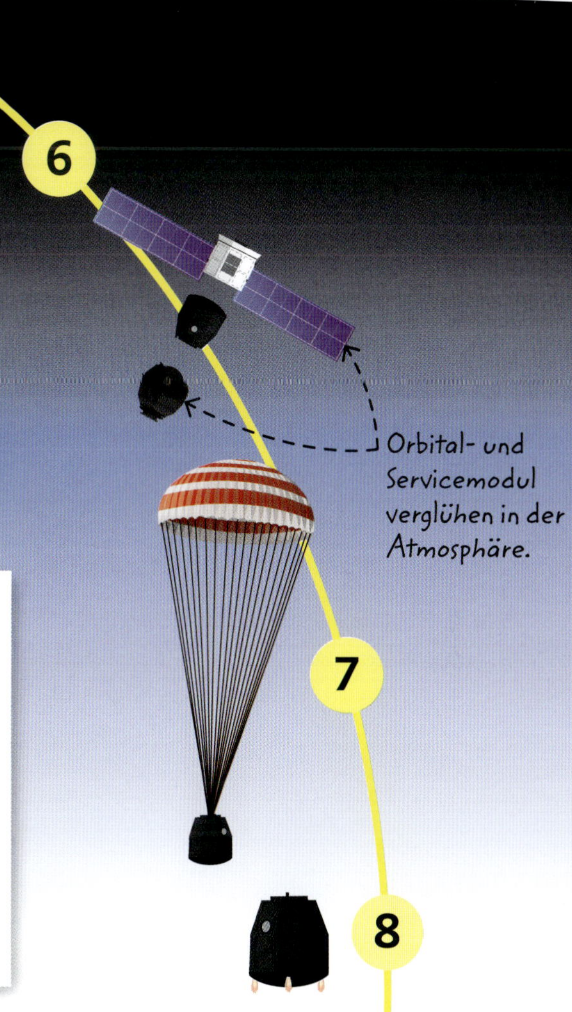

Rückkehr

Später dockt die *Sojus* wieder von der Raumstation ab. Nach dem Abdockmanöver braucht sie rund 3,5 Stunden für den Rückweg zum Erdboden.

Die Astronauten werden nach der Landung auf der Erde aus dem Landemodul gehoben.

. Abdocken
Venn die Klammern, ie die Sojus mit der Veltraumstation erbinden, geöffnet verden, kann die Sojus vieder abdocken.

6. Module trennen sich
Drei Stunden nach dem Abdockmanöver lösen sich das Wohn- und Servicemodul ab und fallen zu Boden.

7. Fallschirme
Beim Flug des Landemoduls durch die Erdatmosphäre öffnen sich Fallschirme und bremsen es ab.

8. Landung
Zwei Sekunden bevor die Sojus am Boden aufsetzt, zünden sechs kleine Triebwerke, um die Landung abzufedern.

Shenzhou

Das chinesische Raumfahrzeug *Shenzhou* („Götterschiff“) brachte Taikonauten (Chinesische Astronauten) in den Weltraum. Insgesamt wurden damit elf Raumflüge durchgeführt. Die ersten Testflüge waren unbemannt.

Steckbrief

- **Start:** November 1999
- **Raumfahrzeugtyp:** Unbemanntes und bemanntes Raumschiff
- **Größe:** 9 m lang
- **Missionsstatus:** Beendet 2003

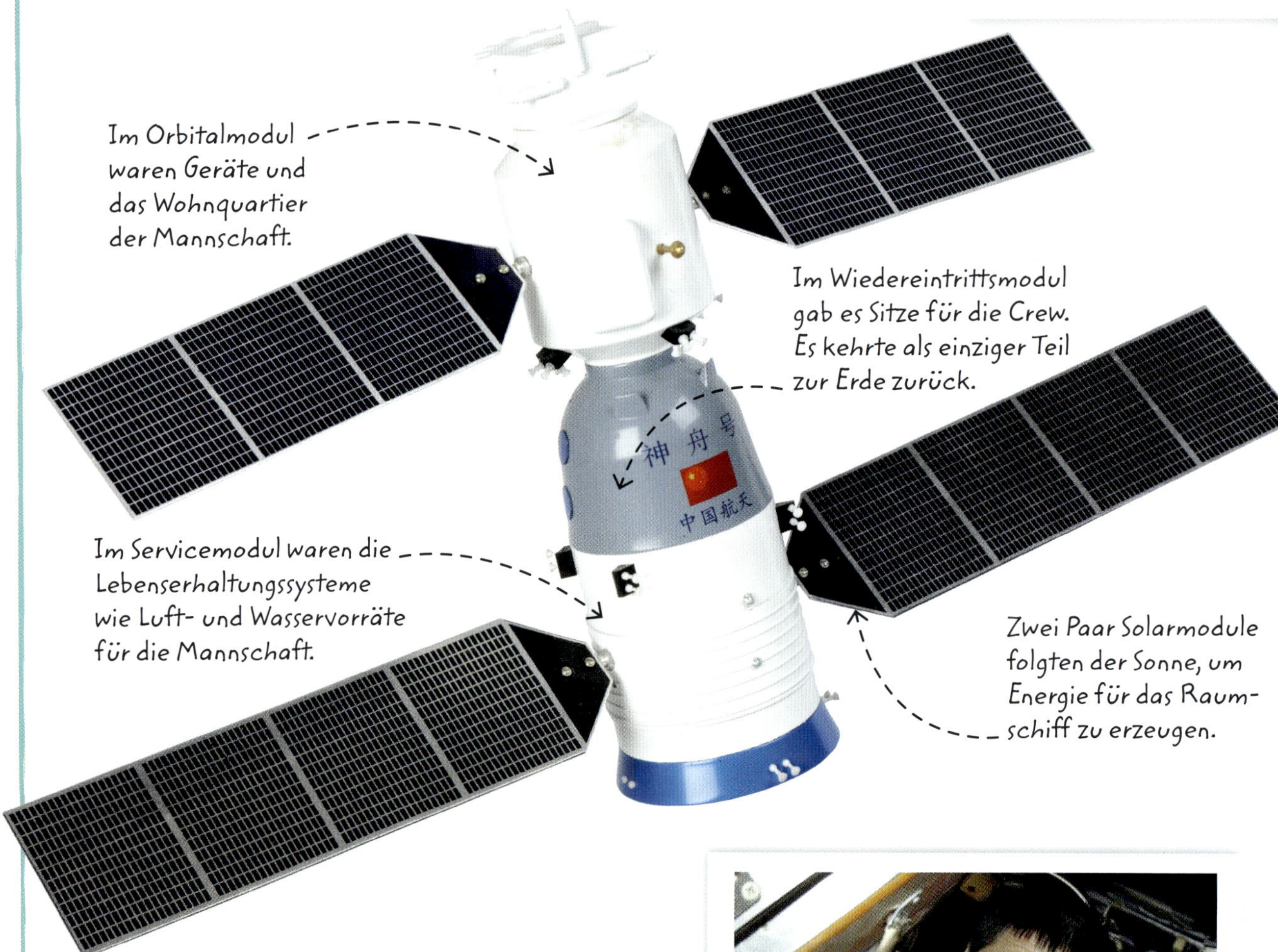

Erster bemannter Raumflug Chinas

Yang Liwei war der erste Taikonaut im All. Er startete 2003 mit der *Shenzhou-5*-Mission. China brachte damit nach der Sowjetunion und den USA als drittes Land einen Menschen ins All.

Yang Liwei

Spaceshuttle

Der Spaceshuttle der US-Weltraumagentur NASA war die erste wiederverwendbare Raumfähre. Der Orbiter mit Tragflächen startete mithilfe von Raketen und landete wie ein Flugzeug wieder auf der Erde.

Steckbrief

- **Start:** April 1981
- **Raumfahrzeugtyp:** Bemannte Raumfähre
- **Größe:** 37 m lang
- **Missionsstatus:** Beendet 2011

Von 1981 bis 2011 flogen fünf Spaceshuttles 135-mal zu Missionen ins All.

Rückkehr zur Erde

Der Orbiter des Spaceshuttles konnte wie ein Flugzeug landen. Vor der Landung zündete er Bremsraketen. Während er sich auf die Landebahn senkte, wurde er von einem Fallschirm weiter gebremst.

Landung des Spaceshuttles Discovery

Leben im All

Im Weltraum herrscht Mikrogravitation: Alles ist beinahe schwerelos und schwebt umher. Das ist oft schwierig für die Astronauten und es erschwert auch den Transport von ausreichend Luft, Wasser und Nahrung von der Erde.

Der Deutsche Alexander Gerst hat 351 Tage im All verbracht – die längste Zeit aller ESA-Astronauten.

Im Fitnessraum der Internationalen Weltraumstation (ISS) gibt es viele Geräte, darunter auch ein Laufband.

Training

Da die Astronauten nur schweben, werden Muskeln und Knochen schwächer. Sie müssen täglich etwa zwei Stunden trainieren, damit ihre Kraft erhalten bleibt und damit sie selbst gesund bleiben.

Schlaf

In der Schwerelosigkeit kann man sich nicht einfach ins Bett legen und schlafen. Die Astronauten müssen in den Schlafsack schlüpfen und sich angurten. Die Schlafkabine ist nur so groß wie eine Telefonzelle.

Wenn die Astronauten nicht in ihrem Quartier schlafen, befestigen sie den Schlafsack an einer Wand.

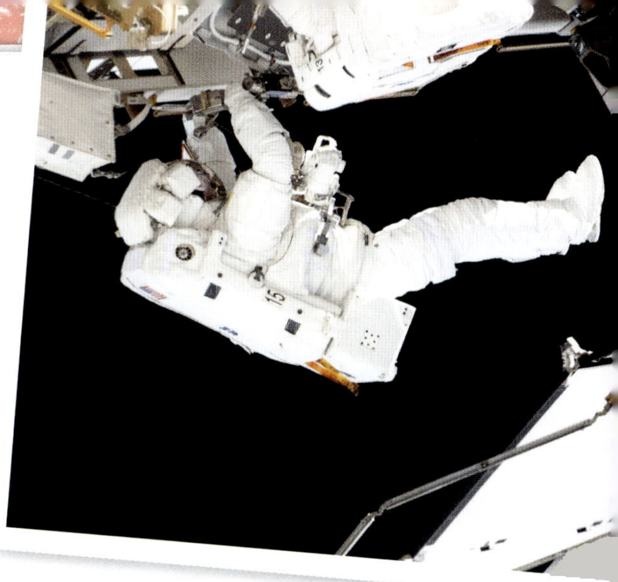

Nahrung

Astronautennahrung muss schmecken und gesund und haltbar sein. Spezielle Forscher entwickeln Mahlzeiten in luftdichter Verpackung. Krümel darf es nicht geben, da sie umherfliegen und Geräte stören könnten!

Arbeit

Astronauten führen meist Experimente durch und erforschen die Wirkung des Alls auf den Körper. Auch müssen sie die Weltraumstation instandhalten und bei Bedarf reparieren.

Sauberkeit

Da die Wasservorräte begrenzt sind, waschen sich die Astronauten Körper und Haare mit Tüchern und Reinigungslösung, die man nicht ausspülen muss. Viele benutzen essbare Zahnpasta.

Raumanzug

Raumanzüge schützen die Astronauten vor der luftleeren Umgebung, vor Staub, Temperaturschwankungen und starkem Sonnenlicht. Zudem enthalten sie viele Werkzeuge und Geräte.

Mir

Mir war die erste große Weltraumstation mit mehreren Modulen (Teilen). Sie wurden von der Sowjetunion (heute Russland) aus gestartet und im All zusammengebaut. Astronauten aus zwölf Ländern besuchten die *Mir*.

Steckbrief

- » **Start:** Februar 1986
- » **Umlaufdauer:** 92 Minuten
- » **Größe:** 31 m lang
- » **Agentur:** Sowjetunion (später Roskosmos)

Missionsabzeichen von STS-71

Der Spaceshuttle Atlantis (USA) dockte 1995 an der Mir an. Es war die erste einer Reihe gemeinsamer Missionen der beiden Länder.

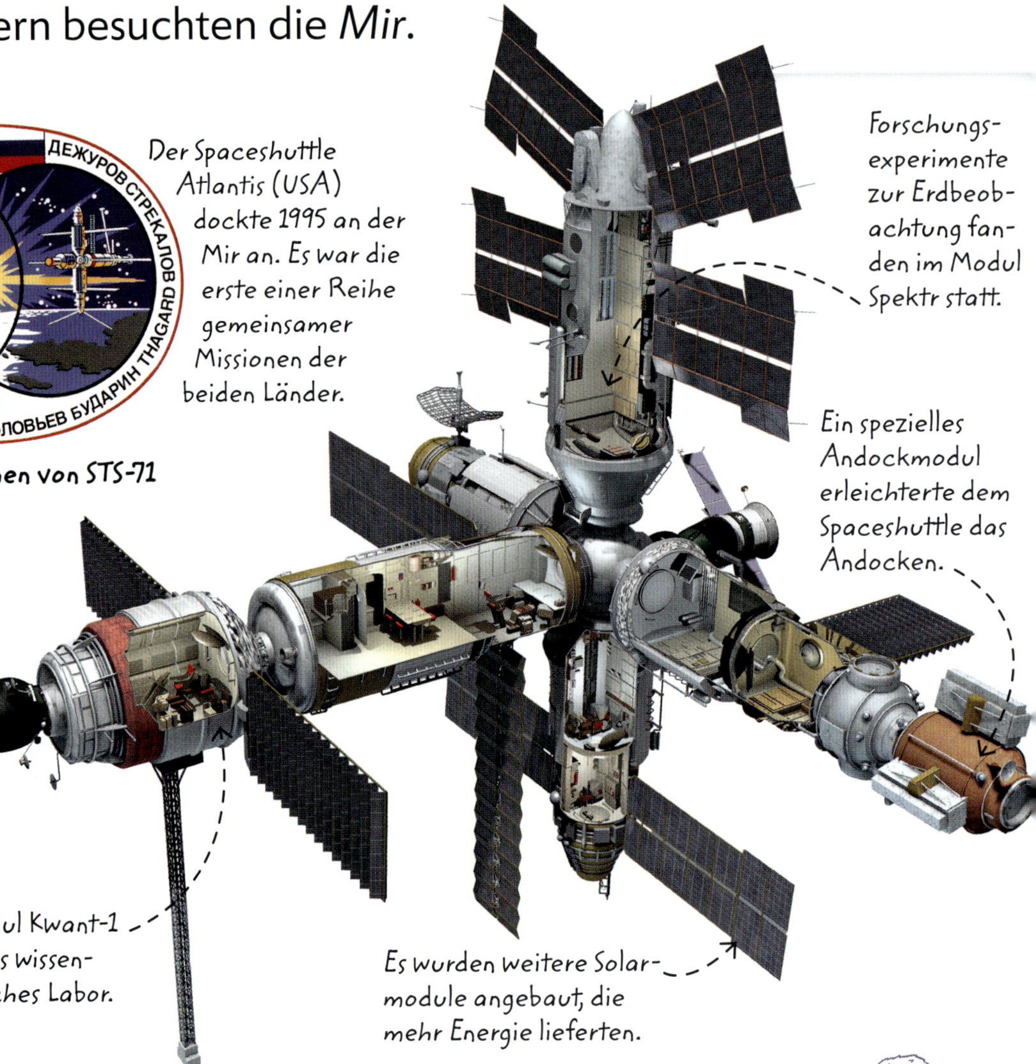

Forschungsexperimente zur Erdbeobachtung fanden im Modul Spektr statt.

Ein spezielles Andockmodul erleichterte dem Spaceshuttle das Andocken.

Das Modul Kwant-1 diente als wissenschaftliches Labor.

Es wurden weitere Solarmodule angebaut, die mehr Energie lieferten.

Frühe Weltraumstationen

Die ersten Stationen in der Erdumlaufbahn waren *Saljut-1* (Sowjetunion) und *Skylab* (USA). Sie waren so klein, dass sie in einem Stück gestartet wurden.

Skylab

Das erste Tier, das im Weltraum geboren wurde, war ein Wachtelküken. Es schlüpfte 1990 auf der Mi

Internationale Raumstation

Steckbrief

- **Start:** November 1998
- **Umlaufdauer:** 93 Minuten
- **Größe:** 108,5 m lang
- **Agenturen:** NASA, JAXA, Roskosmos, ESA, CSA

Die Internationale Weltraumstation (ISS) umkreist die Erde in 400 Kilometern Höhe und dient als Wissenschaftslabor. Drei bis sechs Astronauten leben dauerhaft jeweils mehrere Monate lang auf der ISS und führen im All Forschungsexperimente durch.

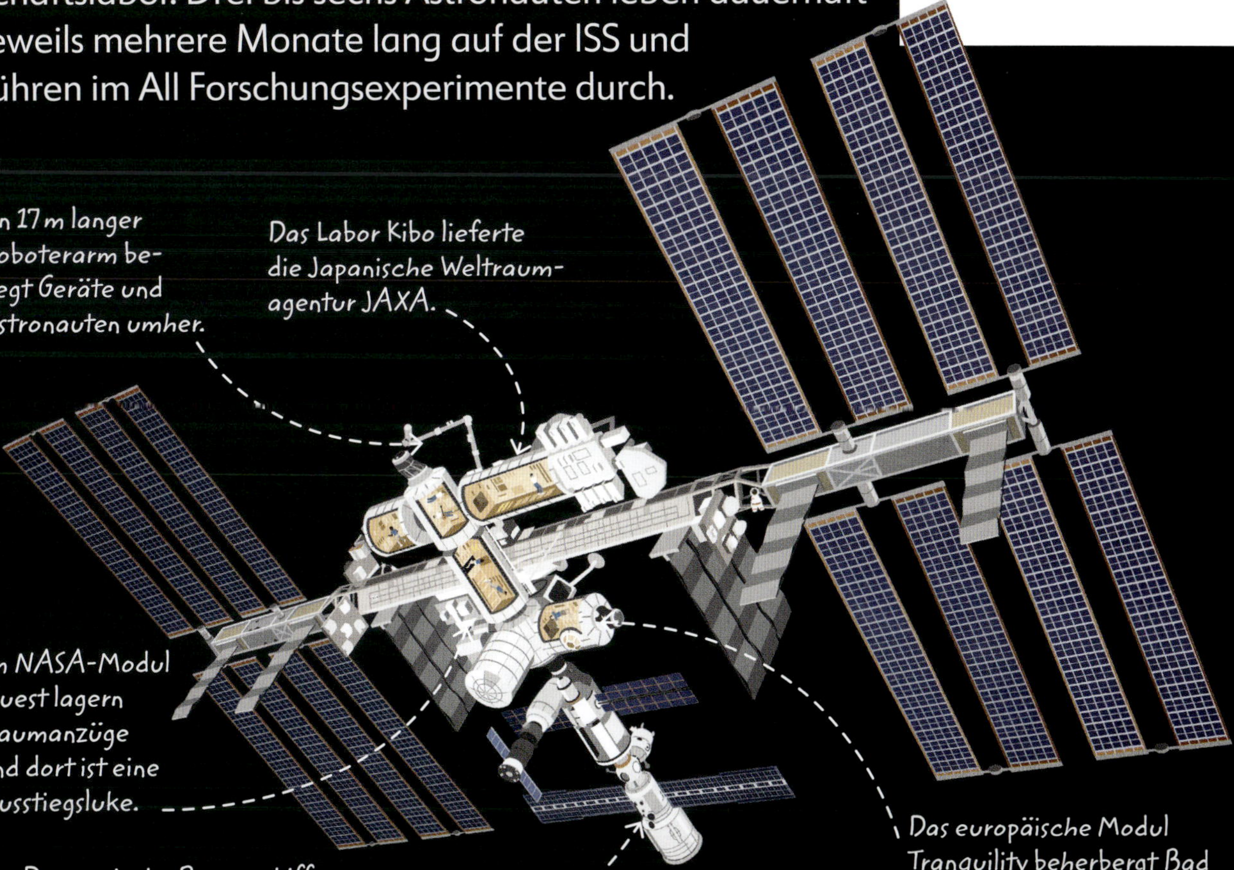

Internationales Projekt

An der ISS sind die Weltraumagenturen von USA, Russland, Europa, Japan und Kanada beteiligt. Sie wurde bisher von Astronauten aus 18 Ländern besucht.

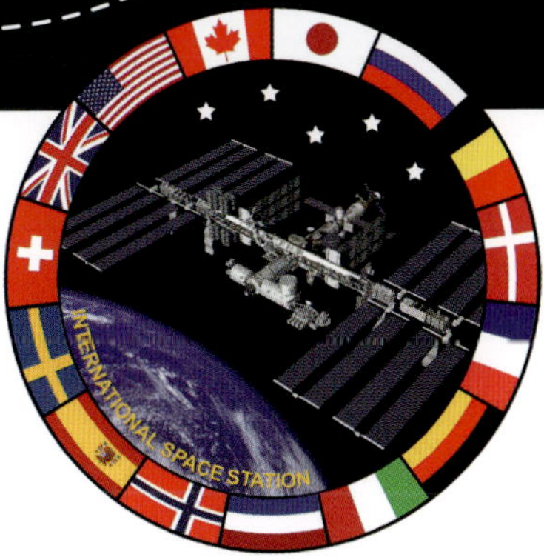

ISS-Logo

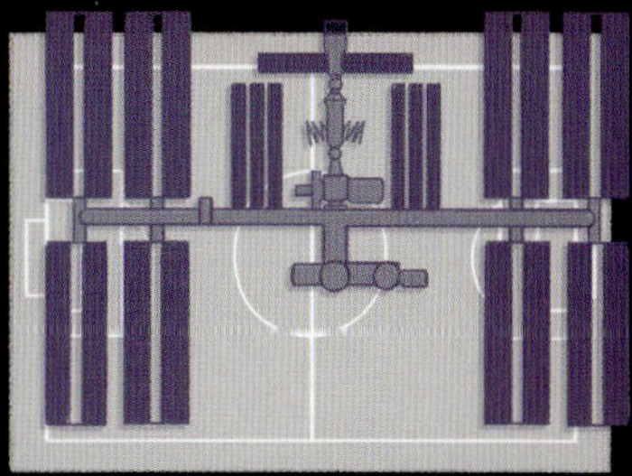

Von einem Ende zum anderen ist die ISS etwa so groß wie ein Fußballfeld.

Zukunft der Raumfahrt

Staatliche Agenturen und private Unternehmen bauen immer bessere, größere Raumschiffe zur Erkundung des Sonnensystems und darüber hinaus. Unbemannte Sonden untersuchen weiterhin Planeten, Monde und andere Objekte. Astronauten werden wieder auf dem Mond und später auch auf dem Mars landen.

Der erste Weltraumtourist, Dennis Tito, besuchte die ISS im Jahr 2001.

Suche nach Leben

Forscher suchen mit immer besseren Geräten nach Lebewesen auf anderen Planeten. Organisationen wie das SETI-Institut in den USA suchen nach fortgeschrittenen Zivilisationen im Weltraum, die vielleicht bereits versuchen, mit uns Kontakt aufzunehmen.

Das Allen-Telescope-Array-Radioteleskop in Kalifornien (USA) führt SETI-Suchen durch.

Artemis-Programm

Viele Jahre nach der ersten Mondlandung soll das *Artemis*-Programm der NASA längere Aufenthalte von Menschen auf dem Mond ermöglichen. Die NASA plant gemeinsam mit Partnern auch eine Raumstation, die den Mond umkreist.

Flug zum Mars

Nach Plänen der NASA sollen Menschen in den 2030er-Jahren auf dem Mars landen. Die erste Marsmission soll etwa 30 bis 45 Tage auf der Marsoberfläche bleiben. Insgesamt dauert die Reise hin und zurück etwa zwei Jahre.

Dieses Bild zeigt, wie Menschen auf dem Mars leben könnten.

Weltraumtourismus

Da private Unternehmen nun auch Raumfahrzeuge entwickeln, können sie wohl bald Menschen so sicher ins All befördern wie wir heute im Flugzeug reisen. Einige Touristen, wie die aus dem Iran stammende US-Amerikanerin Anousheh Ansari, waren schon im All.

Anousheh Ansari

SpaceX Dragon

Im Mai 2020 brachte die *SpaceX Dragon* – ein wiederverwendbares Raumschiff – die US-amerikanischen Astronauten Robert Behnken und Douglas Hurley zur ISS. Es war das erste Mal, dass eine private Firma Menschen ins All beförderte.

Steckbrief

- **Starts:** März 2019 (unbemannt), Mai 2020 (bemannt)
- **Typ:** Bemanntes und unbemanntes Raumschiff
- **Größe:** 4,4 m lang
- **Missionsstatus:** In Betrieb

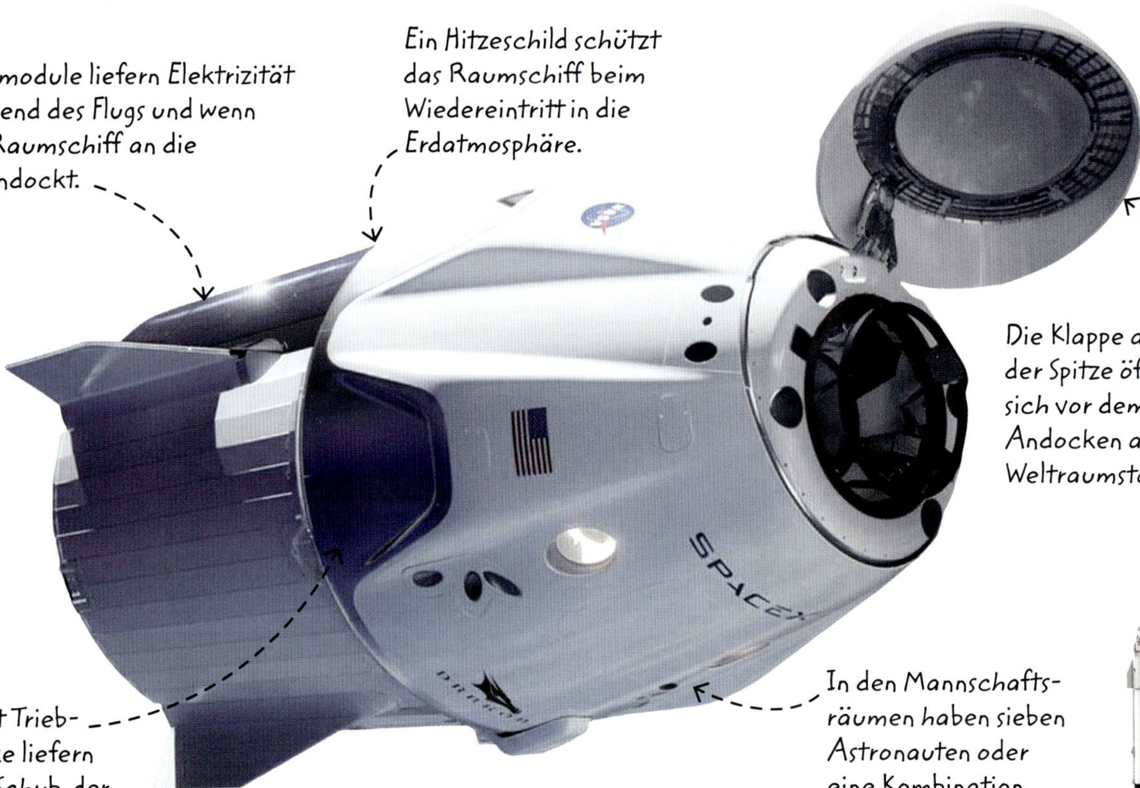

Solarmodule liefern Elektrizität während des Flugs und wenn das Raumschiff an die ISS andockt.

Ein Hitzeschild schützt das Raumschiff beim Wiedereintritt in die Erdatmosphäre.

Die Klappe an der Spitze öffnet sich vor dem Andocken an die Weltraumstation.

Acht Triebwerke liefern den Schub, der die Dragon ins All trägt.

In den Mannschaftsräumen haben sieben Astronauten oder eine Kombination aus Astronauten und Ladung Platz.

Private Raumfahrtunternehmen

Bigelow Aerospace ist eine von vielen privaten Firmen, die auch normale Menschen ins All bringen wollen. Es gibt Pläne für Weltraumflüge, -hotels und private Module an Weltraumstationen.

Modul von Bigelow Aerospace

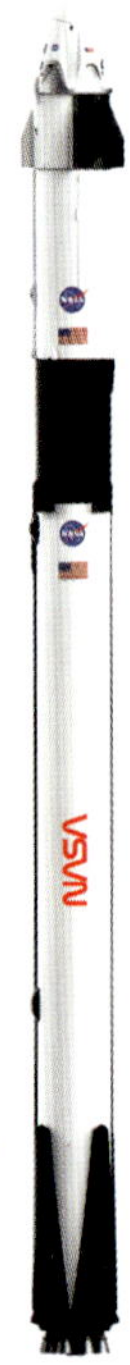

Falcon 9 ist eine teilweise wiederverwendbare Rakete. Die Booster-Rakete der ersten Stufe löst sich nach dem Start und landet vertikal wieder auf der Erde.

Orion

Das neue Raumschiff der NASA, die *Orion*, ist teilweise wiederverwendbar. Sie soll Astronauten im Rahmen der *Artemis*-Missionen ab etwa 2022 zum Mond bringen. Die *Orion* kann Vorräte für 21 Tage mit sich führen.

Steckbrief

- **Start:** Dezember 2014 (Probeflug)
- **Raumfahrzeugtyp:** Bemanntes Raumschiff
- **Größe:** 3,3 m lang
- **Missionsstatus:** In Betrieb

Orion wird Astronauten sicher zum Mond und darüber hinaus befördern.

Die Rettungsrakete trägt das Raumschiff sehr schnell von der Rakete weg, wenn beim Start ein Problem auftreten sollte.

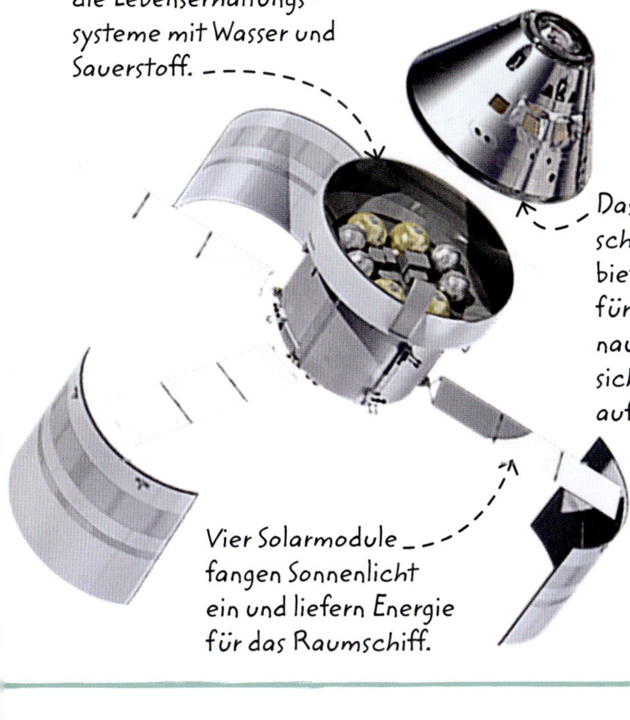

Das Servicemodul enthält die Lebenserhaltungssysteme mit Wasser und Sauerstoff.

Das Mannschaftsmodul bietet Platz für vier Astronauten, die sich darin auch aufhalten.

Vier Solarmodule fangen Sonnenlicht ein und liefern Energie für das Raumschiff.

Space Launch System (SLS)

Das SLS ist die Rakete der NASA für das *Artemis*-Programm. Sie wird auch andere bemannte Raumfahrzeuge wie die *Orion* ins All tragen, die vielleicht weiter ins Sonnensystem vordringen.

SLS-Rakete

Alles im Überblick

In diesem Buch stellen wir einige der unzähligen Sterne, Planeten und Himmelsobjekte vor, die bisher entdeckt wurden. Zudem zeigen wir wichtige technische Geräte, mit denen der Weltraum erforscht wird.

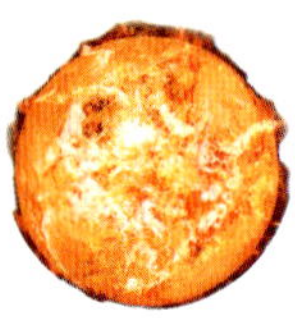
Die Sonne
S. 18

Merkur
S. 20

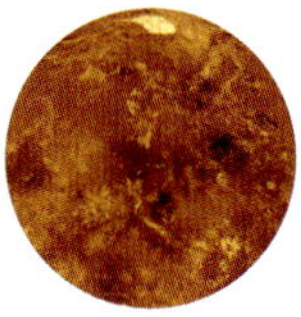
Venus
S. 22

Erde
S. 24

Der Mond
S. 26

Mars
S. 28

Jupiter
S. 30

Ganymed
S. 32

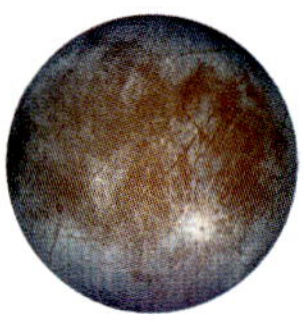
Europa
S. 33

Kallisto
S. 33

Io
S. 33

Saturn
S. 34

Iapetus
S. 36

Enceladus
S. 36

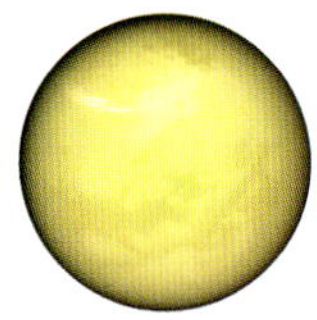
Titan
S. 37

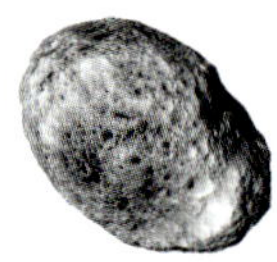
Hyperion
S. 37

Uranus
S. 38

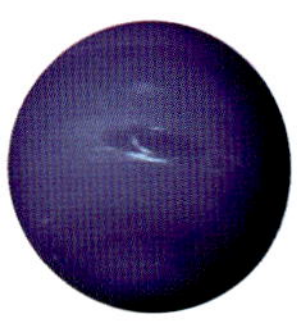
Neptun
S. 40

Pluto
S. 42

Ceres
S. 43

Vesta
S. 46

Komet 67P/C-G
S. 47

TRAPPIST-1e
S. 48

51 Pegasi b
S. 49

Milchstraße
S. 50–51

Feuerrad-Galaxie
S. 52

Kleine Magellansche Wolke
S. 53

Galaxie M87
S. 53

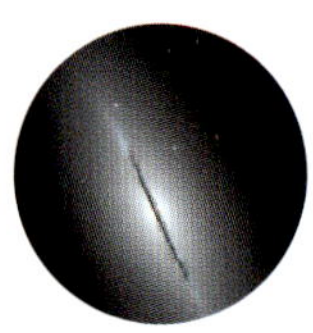
Galaxie NGC 5866
S. 53

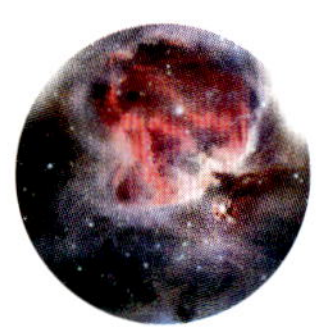
Orionnebel
S. 56

Adlernebel
S. 57

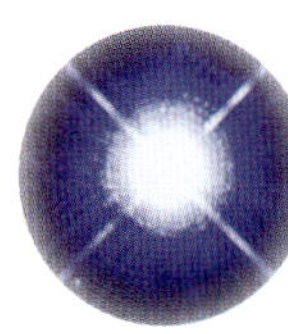
Sirius A
S. 60

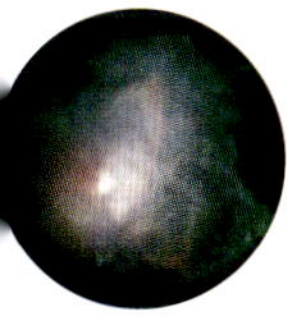
VY Canis Majoris
S. 61

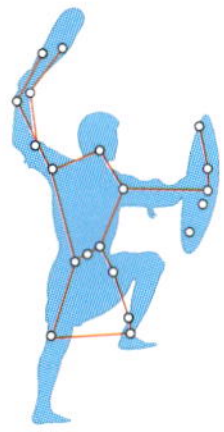
Orion
S. 8

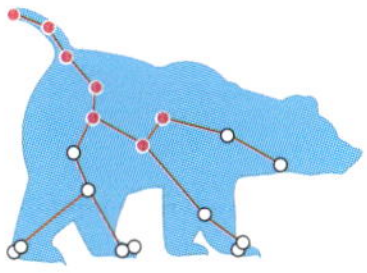
Großer Bär
S. 9

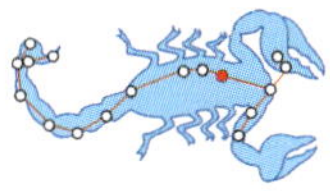
Skorpion
S. 10

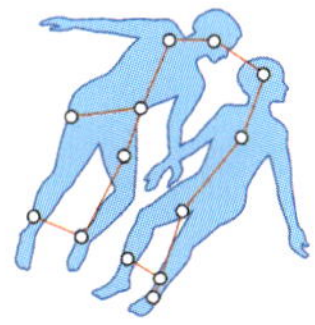
Zwillinge
S. 11

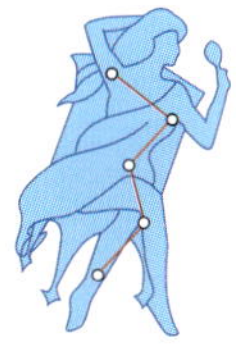
Kassiopeia
S. 11

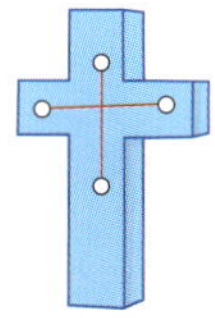
Kreuz des Südens
S. 11

Atacama Large Millimeter Array (ALMA)
S. 12

Canada-France-Hawaii-Teleskop
S. 13

Lick-Observatorium
S. 13

Pariser Observatorium
S. 13

Hubble-Weltraum-teleskop
S. 62

Spitzer-Weltraum-teleskop
S. 63

Chandra-Röntgenteleskop
S. 64

INTEGRAL
S. 65

Cassini-Huygens
S. 70

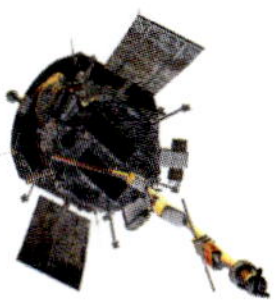
Parker Solar Probe
S. 70

Juno
S. 71

New Horizons
S. 71

Hayabusa2
S. 71

Lunochod
S. 72

Mars-Rover Curiosity
S. 73

Saturn V
S. 76

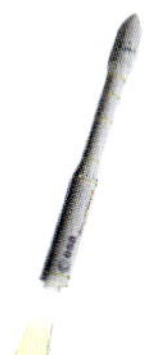
Vega
S. 76

H-IIA
S. 77

Geosynchronous Satellite Launch Vehicle Mark III
S. 77

Langer Marsch 5
S. 77

Apollo
S. 74

Sojus
S. 75

Shenzhou
S. 80

Spaceshuttle
S. 81

SpaceX Dragon
S. 88

Orion
S. 89

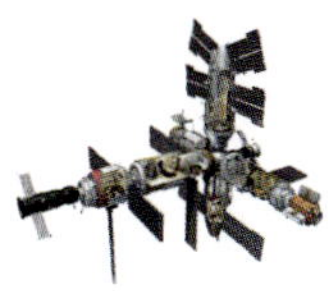
Mir
S. 84

Internationale Raumstation (ISS)
S. 85

Begriffe

Achse
Eine gedachte Linie vom Nordpol zum Südpol eines Himmelskörpers, um die er sich dreht.

Andocken
Bei der Ankunft eines Raumfahrzeugs an einer Weltraumstation oder einem anderen Raumfahrzeug müssen beide verbunden werden.

Äquator
Eine gedachte Linie um die Mitte eines Planeten, die ihn in eine Süd- und eine Nordhalbkugel teilt.

Asteroid
Himmelskörper aus Gestein oder Metall, der um die Sonne kreist. Die meisten Asteroiden befinden sich im Asteroidengürtel zwischen Mars und Jupiter.

Astronaut
Person, die in den Weltraum fliegt.

Astronom
Person, die das Universum und alles, was es enthält, erforscht.

Atmosphäre
Eine Gasschicht, die die meisten Planeten einhüllt.

Booster
Starthilferaketen, die nach dem Start einer Rakete zwei Minuten lang brennen und dann abgeworfen werden. Sie fallen zurück auf die Erde.

Crew (Besatzung)
Eine Gruppe von Personen, die in einem Raumschiff ins All fliegen.

Doppelstern
Ein Sternsystem aus zwei Sternen, die umeinander kreisen.

Einschlagkrater
Eine große Vertiefung im Boden eines Planeten oder Monds, die entstand, weil ein schnelles Objekt wie ein Asteroid dort abstürzte.

Gammastrahlung
Eine sehr starke Form des Lichts, die von den energiereichsten Objekten im Universum erzeugt wird.

Infrarotlicht
Eine unsichtbare Form des Lichts, die als Wärmeenergie spürbar ist. Man kann sie mit Spezialkameras erkennen.

Kern
Der kugelförmige innerste Bereich eines Planeten, der meist aus Gestein oder Metall besteht.

Komet
Ein Objekt aus Eis, Gestein und Staub, das die Sonne umkreist.

Kruste
Die äußerste, feste Schicht eines Gesteinsplaneten.

Laboratorium
Ein Raum oder Gebäude, das für wissenschaftliche Experimente ausgerüstet ist.

Ladung
Ausrüstung und Vorräte wie Nahrung, Wasser, wissenschaftliche Instrumente und Ersatzteile, die ei Raumfahrzeug mitnehmen muss.

Landefahrzeug
Ein Raumfahrzeug, das auf der Oberfläche eines Planeten oder anderen Objekts landen kann.

Lebenserhaltungssystem
Teil eines Raumfahrzeugs oder Raumanzugs, den die Astronauten zum Überleben im Weltraum brauchen, zum Beispiel Wasser- und Sauerstoffversorgung und Abfallsysteme.

Lichtjahr
Die Strecke, die Licht in einem Jah zurücklegt.

Lift-off (Start)
Das Abheben eines Raumfahrzeug vom Boden.

Magnetfeld
Der Bereich um einen Planeten, in dem eine magnetische Kraft wirkt.

Mantel
Die Schicht zwischen dem Kern und der Kruste eines Planeten.

Masse
Die Menge des Materials eines

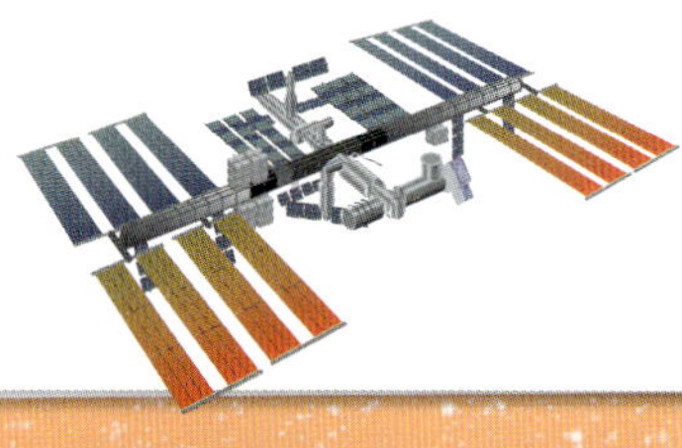

Planeten, Sterns oder anderen Himmelskörpers.

Meteor
Der Lichtstreifen eines Meteoroiden, der kurz aufleuchtet, wenn er in der Erdatmosphäre verglüht.

Meteorit
Brocken aus Gestein oder Metall aus dem All, der auf die Erde fiel.

Meteoroid
Brocken aus Gestein oder Metall, der durch den Weltraum fliegt.

Mikrogravitation
Zustand sehr schwacher Schwerkraft im Weltraum. Wegen der Mikrogravitation scheinen Astronauten und Dinge im All schwerelos.

Modul
Ein unabhängiger Teil eines Raumfahrzeugs oder einer Raumstation.

Nebel
Riesige Wolke aus Gas und Staub im Weltraum.

Nutzlast
Geräte wie Satelliten oder Teleskope, die im All ausgesetzt werden.

Nutzlastbucht
Der Teil des Spaceshuttle-Orbiters, der die Ladung enthält, bevor diese ausgesetzt wird.

Orbiter
Ein Raumfahrzeug, das einen Himmelskörper umkreisen soll, ohne auf ihm zu landen.

Planetarer Nebel
Stadium eines sterbenden Sterns: Er stößt die äußere Atmosphäre ab und der heiße Kern wird sichtbar.

Planetensystem
Eine Gruppe von Planeten, die einen Stern umkreisen.

Radiowellen
Die energieärmste Form des Lichts. Radiowellen von fernen Sternen und Galaxien werden mit Radioteleskopen untersucht.

Röntgenstrahlung
Energiereiche Form des Lichts, die von sehr heißen Objekten im Weltraum abgegeben wird.

Satellit
Ein natürliches oder künstliches Objekt, das einen Planeten, Mond, Stern oder eine Galaxie umkreist.

Schwarzes Loch
Ein Gebiet im Weltraum, in dem die Materie in sich zusammengestürzt ist. Der starken Schwerkraft entkommt nicht einmal das Licht.

Schwerelosigkeit
Das Gefühl des Schwebens im Weltraum.

Schwerkraft
Die Kraft, die alle Dinge zum Mittelpunkt eines Körpers zieht.

Sichtbares Licht
Die Lichtstrahlen, die das menschliche Auge wahrnehmen kann.

Solar
Etwas, das Bezug zur Sonne hat.

Solarmodul
Eine Gruppe von Zellen, die Sonnenlicht in Elektrizität umwandeln.

Stellar
Etwas, das Bezug zu Sternen hat.

Sternbild
Eine bestimmte Gruppe von Sternen in einem Gebiet am Himmel. Es gibt 88 international anerkannte Sternbilder.

Supernova
Sehr helle Explosion am Ende des Lebens eines massereichen Sterns.

Trojaner (Asteroiden)
Asteroiden, die auf der Umlaufbahn eines Planeten um die Sonne kreisen.

Ultraviolettes Licht
Unsichtbare Form des Lichts, die von Sternen abgestrahlt wird.

Wassereis
Eis, das sich aus Wasser bildet. Auf weit von der Sonne entfernten Planeten ist es so kalt, dass auch andere Flüssigkeiten und Gase zu Eis gefrieren.

Wasserdampf
Der gasförmige Zustand von Wasser.

Weltraumspaziergang
Der Vorgang, wenn ein Astronaut das Raumfahrzeug verlässt und sich im Raumanzug im All aufhält.

Wiedereintritt
Der Vorgang, wenn ein Raumschiff aus dem All wieder in die Erdatmosphäre eintritt.

Zwerggalaxie
Eine kleine Galaxie mit nur wenigen Milliarden Sternen.

Register

N

O

P

R

S

T

UVW

Z

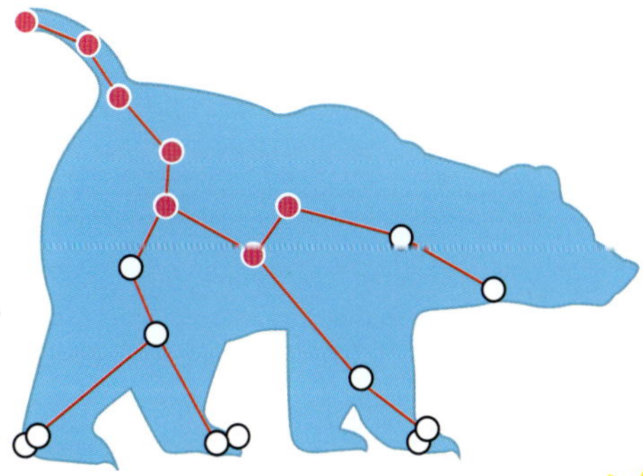

Dank / Bildnachweis

Dorling Kindersley dankt den folgenden Personen für ihre Mitarbeit an diesem Buch:
Bettina Myklebust Stovne für Illustrationen und Helen Peters für die Begriffe.

Der Verlag dankt folgenden Personen und Organisationen für die freundliche Genehmigung zum Abruck von Fotos:

(Abkürzungen: o = oben, u = unten, m = Mitte, l = links, r = rechts, g = ganz, Hg = Hintergrund)

1–96 Dreamstime.com: Maximusnd (Rahmen auf allen Seiten). **3 Dreamstime.com:** Nerthuz (gom). **Getty Images:** Martin Bernetti / AFP (u). **4 NASA**. **5 Dreamstime.com:** Daveallenphoto (gom); Libux77 (mru). **NASA:** ESA, A. Simon (GSFC), M.H. Wong (University of California, Berkeley) und das OPAL Team (mr). **6 Alamy Stock Photo:** Art Collection 2 (mr); Alan Dyer / Stocktrek Images (gor). **6–7 Dreamstime.com:** David Herraez (u). **7 Alamy Stock Photo:** inga spence (ur). **Dorling Kindersley:** Science Museum, London (um). **Getty Images / iStock:** Hulton Archive (mr). **8 Science Photo Library:** John Sanford (ul). **9 Getty Images / iStock:** mycola (um). **10 Science Photo Library:** Larry Landolfi (m). **12 Getty Images:** Martin Bernetti / AFP (u). **12–13 Dreamstime.com:** Andreistanescu (gom). **13 Alamy Stock Photo:** guichaoua (ul); Peace Portal Photo (mr). **14 Dreamstime.com:** Christos Georghiou (um); Martin Holverda (ul). **14–15 NASA:** JPL-Caltech / R. Hurt (SSC / Caltech) (m). **15 Alamy Stock Photo:** Siloto (mr). **Dreamstime.com:** Martin Holverda (ul). **Science Photo Library:** Mark Garlick (go). **16 Alamy Stock Photo:** Photo Researchers / Science History Images (um/Venus). **Dreamstime.com:** Archangel80889 (um/Mars); Markus Gann (ml); Martin Holverda (um/Erde); Dimitar Marinov (mro); Nerthuz (mr). **NASA:** Johns Hopkins University Applied Physics Laboratory / Carnegie Institution of Washington (um). **17 Alamy Stock Photo:** Photo Researchers / Science History Images (um/Venus). **Dreamstime.com:** Nerthuz (um/Jupiter). **ESA / Hubble:** Hubble & NASA, L. Lamy / Observatoire de Paris (um). **NASA:** Johns Hopkins University Applied Physics Laboratory / Southwest Research Institute (mro); JPL-Caltech / T. Pyle (gol); JPL (mr, mru). **18 Dreamstime.com:** Markus Gann (m); Oxfordsquare (um). **19 Getty Images / iStock:** Sjo (ur). **20 NASA:** Johns Hopkins University Applied Physics Laboratory / Carnegie Institution of Washington; Johns Hopkins University Applied Physics Laboratory / Carnegie (um). **21 NASA:** JHU / APL (ur). **22 Alamy Stock Photo:** Photo Researchers / Science History Images. **NASA:** JPL-Caltech (um). **23 NASA:** Venus (l): JPL, Magellan Project; Erde (r): Apollo 17 (ur). **24 Dreamstime.com:** Martin Holverda. **26 Dreamstime.com:** Chiew Ropram (u). **NASA:** GSFC / Arizona State University. **27 Dreamstime.com:** Kdshutterman (u). **28 Dreamstime.com**: Archangel80889. **NASA:** (um). **29 NASA:** JPL (um); JPL-Caltech / UA (um). **30 Alamy Stock Photo:** NASA Image Collection (um). **Dreamstime.com:** Nerthuz. **32 Alamy Stock Photo:** Tristan3D (u). **32–33 NASA:** JPL-Caltech / SETI Institute (gom). **33 Alamy Stock Photo:** Stocktrek Images, Inc. (ur). **NASA:** JPL / DLR (gol, m). **34 Dreamstime.com:** Dimitar Marinov. **NASA:** JPL (ur). **35 NASA:** JPL-Caltech / Space Science Institute (ur). **36 ESA:** NASA / JPL-Caltech / University of Arizona / LPG / CNRS / University of Nantes / Space Science Institute (um). **NASA:** JPL / Space Science Institute (mr). **37 NASA:** JPL-Caltech / Space Science Institute (gom, mr, um); JPL / University of Arizona / University of Idaho (mru). **38 ESA / Hubble:** Hubble & NASA, L. Lamy / Observatoire de Paris (m). **Science Photo Library:** (ul). **39 NASA:** JPL / USGS (ur). **40 Getty Images:** Corbis (ul). **NASA:** JPL (m). **41 Dreamstime.com:** Nerthuz (ul). **NASA:** JPL (ur). **42 NASA:** Johns Hopkins University Applied Physics Laboratory / Southwest Research Institute (m, ur). **43 Dreamstime.com:** Coatchristophe (ul). **NASA:** JPL-Caltech / UCLA / MPS / DLR / IDA (m). **Science Photo Library:** (ur). **44 NASA:** (ul). **45 Alamy Stock Photo:** Art Directors & TRIP (gor). **46 NASA:** JPL / MPS / DLR / IDA / Björn Jónsson (m); JPL-Caltech (um); University of Tennessee (ur). **47 ESA:** ATG medialab (ur); Rosetta / NAVCAM (m). **48 NASA:** JPL-Caltech (m). **49 NASA:** Ames / JPL-Caltech / T Pyle (mr); JPL-Caltech (m, ul, um); Goddard / Francis Reddy (um/Neptun). **50–51 Dreamstime.com:** Alexandr Mitiuc. **51 ESO:** José Francisco Salgado (josefrancisco.org) (mr). **NASA:** JPL-Caltech / ESA / CXC / STScI (mru). **52 NASA:** CXC / SAO (u); ESA; Z. Levay und R. van der Marel, STScI; T. Hallas; und A. Mellinger (mr). **53 ESA:** Gaia / DPAC, CC BY-SA 3.0 IGO (um). **NASA:** ESA, und das Hubble Heritage Team (STScI / AURA) / W. Keel (University of Alabama, Tuscaloosa) (gor); ESA und das Hubble Heritage Team (STScI / AURA); Mit freundlicher Genehmigung von: P. Cote (Herzberg Institute of Astrophysics) und E. Baltz (Stanford University) (ml). **54 Alamy Stock Photo:** Diego Barucco (um); Łukasz Szczepanski (mru). **Dreamstime.com:** Paweł Radomski (l). **NASA:** Solar Dynamics Observatory / Joy Ng (mo). **55 Alamy Stock Photo:** NASA Photo (mru). **NASA:** Goddard Space Flight Center (mr); NOAO, ESA, das Hubble Helix Nebula Team, M. Meixner (STScI), und T.A. Rector (NRAO) (mo); JPL-Caltech (mru). **56 Alamy Stock Photo:** Roth Ritter / Stocktrek Images. **ESA / Hubble:** NASA, L. Ricci (ESO) (ur). **57 Alamy Stock Photo:** Roberto Colombari / Stocktrek Images; Łukasz Szczepanski (um). **58 NASA:** JPL-Caltech / UCB (ul). **58–59 Alamy Stock Photo:** Ron Miller / Stocktrek Images. **60 Alamy Stock Photo:** Stocktrek Images, Inc. (ul). **NASA:** ESA, H. Bond (STScI) und M. Barstow (University of Leicester). **61 ESA / Hubble:** NASA / R. Humphreys (University of Minnesota) (m). **62 NASA:** (um); Hubble (m). **63 Alamy Stock Photo:** Photo Researchers / Science History Images (mlu). **Dreamstime.com:** Tanwalai Silp Aran (ul/Wolken); Italianestro (ul). **64 Fotolia:** Natallia Yaumenenka / eAlisa (ur). **NASA:** CXC & J. Vaughan (m). **65 ESA:** (m). **Indian Space Research Organisation:** (ul). NASA: (ur). **66 Dreamstime.com:** Vitalii Gaydukov (mlo). **Getty Images:** Sovfoto / Universal Images Group (gom). **NASA:** (mru). **Science Photo Library:** Qa International / Science Source (gom/Mond 1); Sputnik (gor); Detlev Van Ravenswaay (mlu). **67 Alamy Stock Photo:** Pictorial Press Ltd (gol); SPUTNIK (gom). **NASA:** (mro, m, ur); EVA (ml); JPL-Caltech (ul). **68 Alamy Stock Photo:** Liu Jie / Xinhua (ml). **ESA:** ATG medialab (gom). **68–69 Dreamstime.com:** Yehor Vlasenko. **69 Alamy Stock Photo:** Dinodia Photos (ul); ITAR-TASS News Agency (gol). **Dreamstime.com:** Alejandro Miranda (mru). **NASA:** (mro, mogr). **70 NASA:** Johns Hopkins APL / Steve Gribben (ul); JPL-Caltech (mr). **71 Alamy Stock Photo:** BJ Warnick / Newscom (u). **NASA:** JPL-Caltech (gol). **Science Photo Library:** NASA / Johns Hopkins University Applied Physics Laboratory / Southwest Research Institute (mr). **72 Dreamstime.com:** Aleks49 (u). NASA: (m). **73 NASA:** JPL-Caltech (u, mr). **74 Alamy Stock Photo:** Photo Researchers / Science History Images (mr). **75 Alamy Stock Photo:** Andrey Armyagov (u). **Getty Images:** Space Frontiers (mr). **76 Alamy Stock Photo:** Stephen Saks Photography (r). **ESA:** Jacky Huart, 2017 (ul). **77 Alamy Stock Photo:** ISRO / Xinhua (ur); NG Images (gor). **Getty Images:** STR / AFP (gol). **78 Getty Images / iStock:** Vladimir Zapletin (um). **79 NASA:** (gor); GCTC / Denis Derevtsov (mlu). **80 Shutterstock.com:** Sipa (ur). **81 Alamy Stock Photo:** NASA / Bill Ingalls (ur). **Dreamstime.com:** Konstantin Shaklein. **82 NASA:** (ml, ur). **83 123RF.com:** Fernando Gregory Milan (ur). **Alamy Stock Photo:** NASA Photo (gor). **NASA:** (gol, gom, mlu). **84 NASA:** (um). **Science Photo Library:** NASA (mlo). **85 NASA:** (um). **86–87 NASA:** (go, um). **87 Alamy Stock Photo:** BJ Warnick / Newscom (ur). **Shutterstock.com:** Paulo Afonso (mro). **88 Alamy Stock Photo:** NASA Image Collection (um). **Dreamstime.com:** Karaevgen (m). **Science Photo Library:** SPACEX (ur). **89 NASA:** (ur); ESA. **90 Alamy Stock Photo:** Roberto Colombari / Stocktrek Images (4:7); Photo Researchers / Science History Images (1:3); Tristan3D (1:8); Stocktrek Images, Inc. (2:3). **Dreamstime.com:** Archangel80889 (1:6); Markus Gann (1:1); Martin Holverda (1:4); Nerthuz (1:7); Dimitar Marinov (2:4); Alexandr Mitiuc (4:1). ESA: Gaia / DPAC, CC BY-SA 3.0 IGO (4:3); NASA / JPL-Caltech / University of Arizona / LPG / CNRS / University of Nantes / Space Science Institute (2:6); Rosetta / NAVCAM (3:6). **ESA / Hubble:** Hubble & NASA, L. Lamy / Observatoire de Paris (3:1); NASA, L. Ricci (ESO) (4:6). **NASA:** CXC / SAO (4:2); Johns Hopkins University Applied Physics Laboratory / Carnegie Institution of Washington (1:2); GSFC / Arizona State University (1:5); JPL / DLR (2:1, 2:2); JPL / Space Science Institute (2:5); JPL-Caltech / Space Science Institute (2:7, 2:8); JPL (3:2); Johns Hopkins University Applied Physics Laboratory / Southwest Research Institute (3:3); JPL-Caltech / UCLA / MPS / DLR / IDA (3:4); JPL / MPS / DLR / IDA / Björn Jónsson (3:5); JPL-Caltech (3:7, 3:8); ESA und das Hubble Heritage Team (STScI / AURA); Mit freundlicher Genehmigung von: P. Cote (Herzberg Institute of Astrophysics) und E. Baltz (Stanford University) (4:4); ESA, und dem Hubble Heritage Team (STScI / AURA) / W. Keel (University of Alabama, Tuscaloosa) (4:5); ESA, H. Bond (STScI) und M. Barstow (University of Leicester) (4:8). **91 Alamy Stock Photo:** Andrey Armyagov (5:1); Peace Portal Photo (2:2); guichaoua (2:4); BJ Warnick / Newscom (3:6); Stephen Saks Photography (4:2); NG Images (4:4); ISRO / Xinhua (4:5). **Dreamstime.com:** Aleks49 (3:7); Andreistanescu (2:3); Konstantin Shaklein (5:3); Karaevgen (5:4). ESA: (3:1); Jacky Huart, 2017 (4:3). **ESA / Hubble:** NASA / R. Humphreys (University of Minnesota) (1:1). **Getty Images:** Martin Bernetti / AFP (2:1); STR / AFP (4:6). **NASA:** CXC & J.Vaughan (2:7); Hubble (2:5); JPL-Caltech (3:2, 3:4, 4:1); Johns Hopkins APL / Steve Gribben (3:3); ESA (5:5). **Science Photo Library:** NASA / Johns Hopkins University Applied Physics Laboratory / Southwest Research Institute (3:5). **92 Dreamstime.com:** Patrimonio Designs Limited (gor). **93 NASA:** (ur). **94 Dreamstime.com:** Alexandr Yurtchenko (gom). **95 NASA:** JPL-Caltech (ur). **96 Henry Leparskas:** (ur)

Vorsatz: **Alamy Stock Photo:** Photo Researchers / Science History Images (gor), Stephen Saks Photography (mgr), Tristan3D (mlo); **Dreamstime.com:** Aleks49 (um), Archangel8889 (mogl), Karaevgen (mogl/SpaceX), Libux77 (mr), Dimitar Marinov (gol); **ESA:** Jacky Huart, 217 (gogl, mo /Integral), Rosetta / NAVCAM (m/Komet); **NASA:** (mo), Ames / JPL-Caltech / T Pyle (mlo/Kepler), CXC & J.Vaughan (gom), Goddard / Francis Reddy (m), Hubble (ugr), Johns Hopkins University Applied Physics Laboratory / Carnegie Institution of Washington (mo/Merkur), Johns Hopkins University Applied Physics Laboratory / Southwest Research Institute (um/Pluto), JPL (mo/Neptun), JPL / DLR (ml), JPL / MPS / DLR / IDA / Björn Jónsson (mlu), JPL-Caltech (ul, mru, gogr); **Science Photo Library:** Qa International / Science Source (mogr), Detlev Van Ravenswaay (ml/Explorer 1 Satellit), SPACEX (gom /SpaceX); **Nachsatz**: **Alamy Stock Photo:** Photo Researchers / Science History Images (gor), Stephen Saks Photography (mgr), Tristan3D (mlo); **Dreamstime.com:** Aleks49 (um), Archangel8889 (mogl), Karaevgen (mogl/SpaceX), Libux77 (mr), Dimitar Marinov (gol); **ESA:** Jacky Huart, 217 (gogl, mo/Integral), Rosetta / NAVCAM (m/Komet); **NASA:** (mo), Ames / JPL-Caltech / T Pyle (mlo/Kepler), CXC & J.Vaughan (gom), Goddard / Francis Reddy (m), Hubble (ugr), Johns Hopkins University Applied Physics Laboratory / Carnegie Institution of Washington (mo/Merkur), Johns Hopkins University Applied Physics Laboratory / Southwest Research Institute (um/Pluto), JPL (mo/Neptun), JPL / DLR (ml), JPL / MPS / DLR / IDA / Björn Jónsson (mlu), JPL-Caltech (mru, ul, gogr); **Science Photo Library:** Qa International / Science Source (mogl), Detlev Van Ravenswaay (ml/Explorer 1 Satellit), SPACEX (gom/SpaceX);

Cover: *Vorn* **123RF.com:** solarseven (mru); **Dreamstime.com:** Archangel80889 (gogr), Markus Gann (ul), Konstantin Shaklein (ml); **ESA:** NASA / JPL-Caltech / University of Arizona / LPG / CNRS / University of Nantes / Space Science Institute (mr); **Getty Images:** STR / AFP (mlo); **Indian Space Research Organisation:** (ur); **NASA:** (gom), ESA, A. Simon (GSFC), M.H. Wong (University of California, Berkeley) und das OPAL Team (um). *Hinten:* **Alamy Stock Photo:** Stephen Saks Photography (mr); **Dreamstime.com:** Aleks49 (ul); **ESA:** Rosetta / NAVCAM (gor/Komet); **NASA:** Ames / JPL-Caltech / T Pyle (mro), Hubble (mlo), JPL / DLR (gor), JPL / University of Arizona / University of Idaho (um), JPL-Caltech / Space Science Institute (mo), University of Tennessee (m, um); **Science Photo Library:** Qa International / Science Source (gol), SPACEX (gogr).

Die Autorin

Dr. Parshati Patel lebt in Kanada und ist Astrophysikerin, Wissenschaftskommuni katorin und Pädagogin. Sie gestaltet Ler inhalte für Schule und Öffentlichkeit unc tritt oft in Fernseh- und Radiosendunger über den Weltraum auf. Ihr Hobby ist dc Fotografieren des Nachthimmels.

Kennst du schon diese tollen Bücher?

ISBN 978-3-8310-3471-0

ISBN 978-3-8310-4214-2

ISBN 978-3-8310-5009-3

ISBN 978-3-8310-5010-9

DK

www.dk-verlag.de

Neugierig auf mehr?